Will Parfitt

Psychosynthese

Edition Roter Löwe im
AURUM VERLAG · BRAUNSCHWEIG

Das englische Original erschien unter dem Titel
»The Elements of Psychosynthesis« im Verlag
Element Books Ltd., Longmead, Shaftesbury, Dorset.

Ins Deutsche übersetzt von Annemarie Endeveld.

Gesamtgestaltung: Sabine Schönauer-Kornek.
Umschlagfoto: Hartmut Rosen.

Die Deutsche Bibliothek – CIP-Einheitsaufnahme

Parfitt, Will:
Psychosynthese / Will Parfitt. [Aus dem Engl. von Anne-
marie Endeveld]. – Braunschweig : Aurum-Verl., 1992
(Edition Roter Löwe)
Einheitssacht.: The elements of psychosynthesis <dt.>
ISBN 3-591-08325-9

1992
ISBN 3-591-08325-9
© 1990 Will Parfitt
© der deutschen Ausgabe
Aurum Verlag GmbH, Braunschweig
Alle Rechte vorbehalten.
Gesamtherstellung:
Chemnitzer Verlag und Druck GmbH, Werk Zwickau

INHALT

Für Joan Wenske,
die mich in die Psychosynthese eingeführt hat

DANKSAGUNG

Ich danke Eleanor Aitken, Malcolm Allum, Hannah Blacher, Gillian Broster, Carole Bruce, Rachael Clyne, Anita Courtman, Alan Dale, Dana Douglas, Hetty Einzig, Andrew Ferguson, David A. Findlay, Malli Gaster, Judy Fox Gray, Christoph Greatorex, Jean Hardy, Anita Harper, Susan Harrison, Nick Hedley, Helen Hennessy, Patti Howe, Lynne Hunter, Cecilia Jarvis, Graham Curtis Jenkins, David Jones, Tony Kennedy, Gabriel Knox, Anja Liengaard, Keld Liengaard, Alice Llewellyn, Dick Llewellyn, Gina Lomac, Douglas Mathers, Judith Meikle, Bob Miller, Jane O'Brian, Eve Parry, Cathy Pearman, Polly Plowman, Melanie Reinhart, Deike Rich, Ewa Robertson, Margi Robinson, Alison Sheriffs, Helen Sieroda, Keith Silvester, Brenda Squires, Barbara Thomson, Gayle Waleen, Barbara Ward, Jane Warman, Avril Wigham, John White, Neil White, Diana Whitmore, John Whitmore und Ashen Venema, die meinen Fragebogen ausgefüllt und mir damit das Material für Anhang 1 geliefert haben.

Zum Gebrauch dieses Buches

Jedes Kapitel des vorliegenden Buches setzt sich aus zwei Teilen zusammen, nämlich dem Haupttext, der den Gegenstand des Kapitels behandelt, und einer Übung, die Ihnen Gelegenheit bietet, die Psychosynthese in der Praxis kennenzulernen. Die Übungen stehen jeweils am Ende des Kapitels. So können Sie besser wählen, wie und wann Sie sie ausführen wollen. Es kann sein, daß Sie eine Übung gerne unmittelbar im Anschluß an die Lektüre des Kapitels machen, es ist aber ebensogut vorstellbar, daß Sie sie lieber verschieben, bis Sie in der richtigen Stimmung sind. Lesen Sie das Buch zum Beispiel auf einer Reise, so warten Sie mit den Übungen vielleicht lieber ab, bis Sie wieder zu Hause sind.

Es ist empfehlenswert, sich ein Weilchen zu entspannen, ehe Sie mit den Übungen beginnen, und Sie sollten sicher sein, daß Sie genügend Zeit zur Verfügung haben, um sie ohne Störung zu Ende führen zu können. Nehmen Sie eine bequeme Haltung ein. Sie können stehen, sitzen oder liegen, je nachdem, was für die Übung am zweckmäßigsten ist. Ihre Wirbelsäule sollte gerade, aber nicht steif sein. Schließen Sie die Augen und atmen Sie ein paarmal tief. Machen Sie sich bewußt, daß Sie ein einmaliges Individuum sind, das sich entschieden hat, zu diesem Zeitpunkt diese Übung zu machen. Nun sind Sie bereit und können beginnen. Nehmen Sie sich Zeit, um die Anweisungen genau durchzugehen, und zwar lieber zuviel als zuwenig.

Eventuell ist es nötig, die Übung mehrmals zu lesen, um sich mit dem vertraut zu machen, was Sie tun sollen. Das wird Ihnen nützen, wenn Sie sich auf die Übung konzentrieren wollen. Knausern Sie also nicht mit Zeit. Wenn Sie feststellen, daß eine bestimmte Übung besonders hilfreich oder bedeutsam für Sie ist, dann können Sie sie ohne weiteres ein oder auch mehrere Male wiederholen. Die Wiederholung einer Übung kann ihre Wirkung um ein Vielfaches steigern und Ihnen damit helfen, mehr über sich selbst zu erfahren.

Bei einigen längeren Übungen werden Sie es vielleicht vorziehen, die Anweisungen auf eine Kassette zu sprechen oder sie sich von jemandem vorlesen zu lassen. Wenn Sie nicht ständig nachlesen müssen, können Sie sich besser auf die Übung konzentrieren. Eine andere Möglichkeit wäre, die Übung gemeinsam mit jemand anderem zu machen und abwechselnd als Übungsleiter und als Begleiter zu fungieren, der die Anweisungen gibt. In dieser Rolle sollten Sie darauf achten, daß Sie den Fortgang der Übung bei Ihrem Gegenüber respektieren, daß Sie langsam und deutlich sprechen und dem anderen die Zeit lassen, die er für die Ausführung braucht.

Es wäre gut, wenn Sie Ihre Erfahrungen in einem Tagebuch oder Arbeitsprotokoll festhalten würden, da Ihnen dies – unter anderem – helfen wird, sich zu erden. Unter »erden« ist ganz einfach zu verstehen, daß Sie Mittel und Wege finden, das, was Sie gelernt haben, in Ihrem Alltagsleben zum Ausdruck zu bringen. Vor allem aber sollten Sie Freude an den Übungen haben. Wenn Sie sie locker angehen, werden Sie leichter Zugang zu ihnen finden und sie aus der richtigen Perspektive sehen können.

Die Beispiele in Anhang 1 zeigen Ihnen, wie unterschiedliche Menschen die Psychosynthese auf unterschiedliche Weise in ihrem Arbeitsbereich anwenden. Es gibt vielerlei Anwendungsmöglichkeiten, und dieser Querschnitt kann nur einige davon wiedergeben. Wenn Sie der Psychosynthese einen Platz in Ihrem Leben eingeräumt haben, werden vermutlich auch Sie viele verschiedene Möglichkeiten finden, sie nutzbringend für Ihr persönliches Wachstum und Ihre Selbstverwirklichung einzusetzen. Anhang 2 gibt Ihnen Anregungen, an wen Sie sich wenden können, wenn Sie mehr über Psychosynthese erfahren wollen.

Die Kraft und das Vermögen, Mitgefühl mit Weisheit zum Ausdruck zu bringen; die Weisheit und das Einfühlungsvermögen, die eigene innere Macht im Dienste des höchsten Gutes einzusetzen.

Roberto Assagioli

Was ist Psychosynthese?

Psychosynthese ist eine Methode der psychischen Entwicklung und Selbstverwirklichung für diejenigen, die sich weigern, Sklaven ihrer eigenen Trugbilder oder äußerer Einflüsse zu bleiben, die sich weigern, sich passiv dem inneren Kräftespiel ihrer Psyche unterzuordnen, und die entschlossen sind, Herr über ihr eigenes Lebens zu werden.

Roberto Assagioli

Die Psychosynthese ist ein umfassender Ansatz zur Selbstverwirklichung und zur Entwicklung des menschlichen Potentials. Ihr Hauptziel ist, Hilfestellung bei der Entdeckung unserer wahren spirituellen Natur und der effektiven Umsetzung dieser Entdeckung in unserem Alltagsleben zu geben. Sie soll uns helfen, unser schöpferisches Potential zu erkennen, harmonischer in der modernen Welt zu funktionieren und all unsere menschlichen Beziehungen zu verbessern.

Die Psychosynthese ist eine besondere Art der Psychotherapie, und gleichzeitig ist sie mehr als eine Psychotherapie. Sie setzt sich zusammen aus Techniken und Übungen, die uns helfen sollen, uns von den unerwünschten Aspekten in unserem Leben weg und in die Richtung zu bewegen, in die wir gehen wollen. Sie bietet nicht nur eine Theorie, sondern auch eine praktische Arbeitsmethode, die Grundgedanken und Techniken von vielerlei Wegen des persönlichen Wachstums integriert. Im Gegensatz zu manchen anderen Therapien geht sie jedoch nicht von einer festen Vorstellung aus, wie wir »sein sollten«. Ganz im Gegenteil betrachtet sie sich nur dann als erfolgreich, wenn wir dem näher gekommen sind, was wir »sein wollen«. Doch ist dies nicht im Sinne der Verwirklichung von unausgewogenem oder bruckstückhaftem Wollen zu verstehen, sondern dahingehend, daß wir gelernt haben, in jeder Situation mehr wir selbst zu sein und das zu tun, was wir tun wollen, wenn wir uns ganz auf unser innerstes Selbst und seine Ziele einstimmen. So ist die Psychosynthese denn eine Therapieform und eine Methode der Selbstentwicklung, doch darüber hinaus ist sie ein Prozeß, der mit der evolutionären Entfaltung der gesamten Natur kooperiert. Sie zielt darauf ab, den Entwicklungsprozeß, der sich in jedem Menschen vollzieht, bewußt, ganzheitlich und zusammenhängend zu machen.

Die Psychosynthese wurde als eine »Psychologie mit Seele« beschrieben, und das ist es, was sie von vielen anderen Formen der Psychotherapie unterscheidet. Sie betont den Wert von Intuition, Inspiration und kreativer Einsicht und wird damit zu einer Form der »transpersonalen Psychologie«. Sie konzentriert sich auf die Persönlichkeit, schließt aber auch die Bereiche ein, die üblicherweise mystischen und esoterischen Lehren zugeordnet werden. Doch obwohl sie diese Bereiche erforscht, die wir spirituell nennen könnten, drängt die Psychosynthese demjenigen, der sie anwendet, keinerlei Lehrmeinung oder Glaubenssystem auf. Die Psychosynthese ist keine Religion und würde auch niemals einen solchen Anspruch erheben. Obwohl sie zu einer Lebensweise wird, wenn man sich einmal auf sie eingelassen hat, besteht einer ihrer größten Vorzüge darin, daß sie jedem die Freiheit läßt, zu sein und zu tun, was seinem Anliegen entspricht. So ist sie denn gleichermaßen geeignet für Christen, Buddhisten und Moslems, für Gläubige und Ungläubige, für Atheisten und Agnostiker – kurzum für alle und jeden.

Die Psychosynthese ist ein Weg zum besseren Verständnis unseres Lebens. Sie verhilft uns dazu, uns selbst kennen und auf unseren eigenen Prozeß des Wachstums und der Entfaltung vertrauen zu lernen. Doch sie befaßt sich nicht ausschließlich mit dem Individuum, denn jeder von uns ist gleichzeitig Teil verschiedener Gruppierungen, wie Familie, Freundes- und Kollegenkreis u. a. Wir sind Mitglieder einer Gesellschaft und wir sind Mitglieder der großen menschlichen Familie, die diesen Planeten bevölkert.

Die Psychosynthese würdigt sowohl das Individuum als auch die Gruppen, zu denen es gehört. Es ist zum Teil auf diese Einstellung und zum Teil auf den transpersonalen Kontext zurückzuführen, daß die Psychosynthese uns nicht dazu verleitet, uns in irgendeiner Weise über andere zu stellen. Wir können unsere eigenen Wünsche und unsere eigene Macht gelten lassen und verwenden, doch nicht auf Kosten anderer. Die Psychosynthese praktiziert kein rigides Analysieren und Etikettieren des Individuums, und es wird vorausgesetzt, daß auch wir dies nicht tun.

In unserer modernen Welt leiden viele Menschen an einer der beiden hauptsächlichen Krisen dieser Welt – oder auch an beiden. Da ist zum einen die »Sinnkrise«. Insbesondere in der westlichen Welt, in zunehmendem Maße aber auch in anderen Teilen unseres Planeten leben zahlreiche Menschen in einem existentiellen Vakuum, wo das Leben – über den rein materiellen hinaus – seinen Sinn verloren hat. Die Psychosynthese hilft uns, uns von dieser »Krankheit« zu heilen. Die zweite Krise ist die einer »Dualität«. Wir nehmen uns nicht als ganzheitliche Einzelwesen wahr, sondern sind ständig zwischen widerstreitenden Wünschen und Bestrebungen hin und her gerissen. Die Psychosynthese strebt die Überwindung dieser Krise an, indem sie auf eine größere Harmonie zwischen den Teilen unserer Persönlichkeit hinwirkt – in der Tat eine Synthese. Die Psychosynthese erkennt an, daß jeder von uns ständig

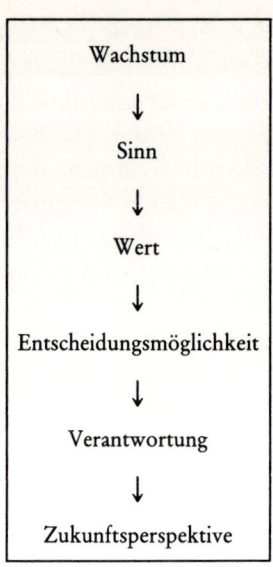

Wachstum

↓

Sinn

↓

Wert

↓

Entscheidungsmöglichkeit

↓

Verantwortung

↓

Zukunftsperspektive

Der Weg der Weiterentwicklung

im Wachsen begriffen ist. Dieser Standpunkt trägt dazu bei, dem Leben seinen Sinn und seinen Wert zurückzugeben und hilft uns zu entscheiden, wer wir sind und was wir wollen. Er kann uns helfen, unsere Verantwortung zu erkennen, sowohl uns selbst als auch der Welt als Ganzem gegenüber. Er kann unsere Gegenwart bereichern durch ein dynamisches Ich-Gefühl; und er kann uns und unsere Zukunft bereichern, indem er uns ein Gefühl für deren Bedeutung vermittelt.

Die Psychosynthese ermöglicht uns Selbstkenntnis in der umfassendsten Bedeutung des Wortes. In unserer modernen Welt gibt es viel Hader, auf individueller wie auf kollektiver Ebene. Der schlechte ökologische Zustand unserer Erde ist zurückzuführen auf die Habgier einiger und die Gedankenlosigkeit anderer. Ein solches Ungleichge-

wicht, ein solch erschreckender Mangel an Rücksicht-
nahme und Verständnis zeigt sich im Umgang der Menschen untereinander. Und so ist alles wertvoll, was uns
hilft, uns selbst besser zu verstehen, sowohl als Individuen
als auch im Zusammenleben mit anderen.

Um es noch einmal zusammenzufassen, die Psychosynthese bietet uns:

- einen Weg des Wachstums und der besseren Selbstkenntnis;
- die Befähigung, unserem eigentlichen Wollen entsprechend zu handeln und Schritte zu unternehmen, sowohl
  um unsere innere als auch um unsere äußere Lage verbessern;
- Zugang zu transpersonalen geistig-seelischen Bereichen;
- klarere Erkenntnis unserer bewußten Lebensprozesse
  und der zugrundeliegenden unbewußten Bereiche;
- Entwicklung unserer Kreativität;
- eine Möglichkeit, unsere kreativen Energien zu erden
  und unser eigentliches Lebensziel zu offenbaren;
- eine Vervollkommnung unserer inneren Welt;
- Verbesserung unserer zwischenmenschlichen Beziehungen.

Geschichte der Psychosynthese

Die Psychosynthese wurde im frühen zwanzigsten Jahr-
hundert von dem Italiener Roberto Assagioli (1888–1974)
begründet. Er war als Psychoanalytiker ausgebildet, inter-
essierte sich aber auch für Esoterik. Während seiner Tätigkeit als Psychoanalytiker wurde er sich in zunehmendem
Maße eines Mangels bewußt. Ein vitaler Aspekt des Menschen wurde in der Psychoanalyse weder berücksichtigt
noch angesprochen, und zwar der transpersonale oder spi-

rituelle, zu dem auch spirituelles Verstehen, Weisheit, Liebe und Inspiration gehören. Assagioli sagte einmal, die Psychoanalyse befasse sich in erster Linie mit dem Untergeschoß der Psyche, während es der Psychosynthese um das ganze Gebäude zu tun sei. Finden wir Zugang zu dem ganzen Gebäude, so eröffnet sich uns die Möglichkeit, alle Aspekte unserer Persönlichkeit zu berücksichtigen. Wir finden zu einem ganzheitlicheren Leben, das außer uns selbst die Gesamtheit aller Lebewesen einschließt, dank der Verbindungen, die sich automatisch auftun, wenn die spirituellen Bereiche für uns zugänglich geworden sind.

Der Schlüssel zum Verständnis der Entwicklung der Psychosynthese aus der Psychoanalyse liegt in den Bezeichnungen selbst. Eine Analyse beinhaltet, daß etwas in seine Komponenten zerlegt wird, um sein Wesen und seine Funktion zu ergründen. Dieser Vorgang ist in der Tat Bestandteil der Psychosynthese. Die Synthese geht jedoch weiter; sie bildet aus den Teilen durch harmonischere Verbindung wieder ein Ganzes. Diese formen eine neue Einheit um das Zentrum, den Wesenskern, von dem aus das Individuum sein Leben effektiver lenken kann. Synthese bedeutet das Zusammenfügen von Teilen zu einem integralen Ganzen. Und so müssen alle Teile unserer Persönlichkeit – die intellektuellen, emotionalen, spirituellen und physischen – integriert werden, wenn die Synthese effektiv und vollständig sein soll.

Heute übernehmen die Psychologen – insbesondere diejenigen, die praktisch mit dem Menschen arbeiten – unabhängig von ihrer jeweiligen fachlichen Ausrichtung, die Rolle, die früher in der menschlichen Gesellschaft dem »Weisen« oder »Schamanen« zukam. Von ihnen wird erwartet, daß sie die innere Erfahrungswelt verstehen und aus diesem Verständnis heraus den Menschen heilen können. Wollen wir jemanden »heilen«, so müssen wir ihn »ganz« machen, denn »heil« hat auch die Bedeutung von

»vollständig« oder »unversehrt«. Durch Einbeziehung von Geist und Seele ermöglicht die Psychosynthese eine gründliche Heilung. Durch diese Einbeziehung hat sie auch Verbindung zu esoterischen Traditionen, die weit älter sind als die moderne Psychologie.

Seit Assagiolis Tod im Jahre 1974 hat sich die Psychosynthese weltweit verbreitet. Wir finden heute in vielen Ländern Schulungszentren und in allen Berufszweigen Menschen, die sie praktisch anwenden. Es wird dort nicht nur gelehrt, wie die Psychosynthese anzuwenden ist, um andere Menschen zu »heilen«. Zwar verfolgen viele genau diesen Zweck, doch die Mehrzahl derer, die sich auf die Psychosynthese einlassen – sei es nun durch eine solche Schulung, durch individuelle Anleitung oder einfach durch selbständige Anwendung der Techniken, die sie aus Büchern entnehmen – verwenden sie anschließend auf ihrem eigenen Arbeitsgebiet. Dies gilt für Erziehungswesen, Medizin, Sozialarbeit, Künste, Ingenieurwesen – wohin Sie auch sehen, die Prinzipien der Psychosynthese können überall angewandt werden. Und alles deutet darauf hin, daß die Psychosynthese noch weitere Verbreitung finden wird, denn im Gegensatz zu einigen vergleichbaren Methoden der Selbstfindung ist sie nichts Fertiges, Abgeschlossenes, sondern bereit, sich zu wandeln und zu entwickeln, wie die Welt um uns herum sich wandelt und entwickelt.

Harmonisches Wachstum

Die Psychosynthese ist nicht nur als eine Methode der Selbstverwirklichung zu verstehen. Sie ist auch ein organischer Prozeß, der sich ständig in der Psyche eines jeden Menschen vollzieht. Es ist ein natürlicher Prozeß, doch er wird leicht blockiert. Zu den Methoden der Psychosynthese zählen auch Techniken, die solche Blockaden lösen. Diese Techniken sollten nicht mechanisch, sondern mit Sorgfalt und Konzentration angewendet werden. So können sie eine Wandlung in unserem Leben bewirken und uns mit dem natürlichen Fluß von Wachstum und Entwicklung in Kontakt bringen.

Um den Prozeß der Psychosynthese besser zu verstehen, hat es sich als hilfreich erwiesen, ihn zu unterteilen in »personale« und »transpersonale« oder »spirituelle« Psychosynthese.

Die personale Psychosynthese hat die Formung einer Persönlichkeit zum Ziel, die in unserer Welt funktionieren kann und relativ frei von Blockaden aller Art ist, die ihre Energien konstruktiv einsetzen kann und sich ihres eigenen Zentrums, ihres Ich, deutlich bewußt ist. Jeder von uns hat ein solches Zentrum oder Ich, mit dem er in Kontakt treten und von dem er Hilfe erhalten kann bei der Ordnung und – als Endziel – der Synthese seiner verschiedenen Persönlichkeitsanteile. Um Verbindung mit diesem unserem Zentrum aufnehmen zu können, müssen wir unseren Willen gebrauchen. Dieser Wille entspricht in keiner Weise dem althergebrachten Konzept der Willenskraft. Er ist nichts, womit wir kämpfen, um etwas Bestimmtes zu erreichen, sondern eher etwas Fließendes, Ungezwungenes, das wir müheloser, ja sogar freudig einsetzen können, wenn wir unserem Zentrum näher kommen.

Dieses Zentrum, »Ich« genannt, ist von wesentlicher Bedeutung, wenn wir eine wirkliche Harmonisierung der verschiedenen Anteile unserer Persönlichkeit erreichen wollen. Um dieses Zentrum können sie sich ordnen, kann die Synthese sich vollziehen. Je besser wir unser Ich fühlen lernen, je besser der Kontakt mit unserem Ich wird, umso mehr können wir unsere noch tiefer gehende Verbindung mit den spirituellen Bereichen verwirklichen. In der Psychosynthese wird dieses tiefere Zentrum das »Selbst« genannt. Gelingt es uns, die verschiedenen Anteile unserer Persönlichkeit zu integrieren und uns ein wenig auf unser Selbst zuzubewegen, so erfahren wir die Freisetzung positiver Energien wie Freude, Wahrheit, Glück, Einssein.

Das erste Stadium der Psychosynthese ist daher die Analyse, die uns zu einer gründlichen Selbstkenntnis verhilft. Als nächstes folgt die Arbeit an der personalen Psychosynthese, die sich darauf konzentriert, Wege zur Kontrolle über die verschiedenen Anteile der Persönlichkeit und ihrer Integration zu finden. Grundlage hierfür ist das oberste Prinzip der Psychosynthese, das sich wie folgt formulieren läßt: *Wir werden beherrscht von allem, womit wir uns identifizieren oder verbunden fühlen. Wir können alles beherrschen und unter Kontrolle haben, wovon wir uns disidentifizieren oder lösen.*

Wir können diese Disidentifikation erreichen, indem wir Kontakt mit unserem Zentrum aufnehmen, das einzigartig und frei von Bindungen ist. Steigt zum Beispiel Ärger in uns auf, der uns zu überwältigen droht, so brauchen wir ihn nicht länger zu unterdrücken oder zuzulassen, daß er Besitz von uns ergreift und sich in einer Weise Bahn bricht, über die wir keine Kontrolle haben. In beiden Fällen könnte man sagen, daß nicht wir den Ärger haben, sondern daß er uns hat. Wir können stattdessen den Ärger fühlen und ihn in angemessener Weise zum Ausdruck bringen, oder aber wir können die Energie auf andere Weise – zum Beispiel schöpferisch – entladen, wenn er unberechtigt ist.

Wenn wir ihn haben, anstatt zuzulassen, daß er uns beherrscht, so kann das Ich, das ihn hat, sagen »ich empfinde Ärger« (oder was auch immer). Wer ist nun aber dieses Ich, das den Ärger empfindet? Es ist unser Zentrum, es ist reine Selbstbewußtheit, es hat keine Bindungen, ist aber willens, sich mit unseren Bewußtseinsinhalten zu identifizieren. Haben wir erst gute, enge Kontakte mit unserem Ich hergestellt, so besteht der nächste Schritt darin, unsere Persönlichkeit um dieses Zentrum herum wieder aufzubauen.

Die transpersonale Psychosynthese befaßt sich mit den spirituellen Bereichen, Bereichen, die jenseits unseres Alltagsbewußtseins liegen. Dort ist die Quelle aller Intuition zu suchen sowie unser Empfinden für Wert und Sinn in unserem Leben. Vielen Menschen genügt die personale Psychosynthese. Sie hilft ihnen, harmonische, innerlich ausgeglichene Menschen zu werden, die sich gut in die menschlichen Gemeinschaften und Gruppen einfügen, zu denen sie gehören. So verdienstvoll das Erreichte auch sein mag, manchen Menschen genügt es nicht. Ihnen ist es ein inneres Bedürfnis, sich auch spirituell weiterzuentwickeln. Das ist die Aufgabe der transpersonalen Psychosynthese.

Die Psychosynthese umfaßt den ganzen Menschen, und dieser besteht aus seiner Persönlichkeit und darüber hinaus den spirituellen Bereichen, wohin auch das Selbst gehört, das in diesem Sinne unsere Verbindung mit dem Göttlichen darstellt (ob wir dieses nun als außerhalb unserer selbst oder als eine in unserem Inneren wirkende Kraft sehen). Mit Hilfe der Psychosynthese können wir lernen, auf all diesen Ebenen zu wachsen. Wir können uns als Persönlichkeit weiterentwickeln und bessere Möglichkeiten finden, das Leben zu erfahren und uns auszudrücken. Wir können ebenso in unserer Verbindung mit den transpersonalen Bereichen wachsen und auf diese Weise zusätzliche positive und segensreiche Elemente in unser Leben bringen. Wir können effektivere Wege finden, unsere schöpferische Energie zu gebrauchen. Unter Kreativität im Sinne der Psychosynthese ist nicht ausschließlich Zeichnen, Malen, Musizieren, Bildhauerei und dergleichen zu verstehen. Die Psychosynthese erkennt an, daß wir alle auf unsere Weise kreativ sind. Mit der richtigen Einstellung können wir bei der Hausarbeit ebenso kreativ sein, wie wenn wir ein Meisterwerk malen. Wir können kreativ sein, wenn wir die Windeln unseres Kindes wechseln und wir können kreativ sein, wenn wir es ermutigen, sprechen und gehen zu lernen.

Alles in der Natur scheint sich auf Ganzheit hin zu entwickeln. Evolution könnte sogar als eine Entwicklung zur Ganzheit definiert werden. Ein Atom vereinigt sich mit anderen Atomen, um ein Molekül zu bilden, und Moleküle bilden Zellen, die sich zu Geweben formieren; aus diesen wiederum entstehen Organe und schließlich der gesamte Körper. Ein ähnlicher Prozeß der Synthese läßt sich in der Welt der Psyche beobachten, wo alle Aspekte zusammenkommen, um uns zu einem ganzen Menschen zu machen. Wir können die Psychosynthese zu Hilfe nehmen, um die Teile dieses Ganzen zu erforschen, so daß wir besser zentriert und fähig werden, effektiver zu funktionieren. Wäre ein Molekül im Kriegszustand mit einem anderen, und käme unser Herz nicht mit unserer Lunge zurecht, so würden wir in Schwierigkeiten kommen. Dasselbe gilt für unsere psychischen Funktionen. Erst wenn Empfindungen, Gedanken, Gefühle, Emotionen, Imagination, Intuition, kurzum alles, was unsere Psyche ausmacht, in einer harmonischen Synthese zusammenkommen, können wir gut und konfliktfrei funktionieren.

Eine Synthese respektiert die Individualität aller Teile. Kein Teil von uns ist »besser« oder »schlechter« als ein anderer. Die Psychosynthese fordert im Gegenteil, daß alle Teile in sich ganz sein müssen, um eine Integration, eine Synthese möglich zu machen. Unsere Konflikte können gesehen werden als Möglichkeit, mehr über uns selbst zu erfahren, und gleichzeitig als Energiequelle. Arbeiten wir an unseren Konflikten, so können wir die freiwerdende Energie benutzen, um besser zu funktionieren. Auf diese Art können offensichtliche Hindernisse ebenso als ein Geschenk gewürdigt werden wie die deutlicher erkennbaren

Geschenke, die uns zufallen, wenn alles glatt läuft. Wir können wissen, was wir wollen und eine Vorstellung von den Zielen haben, die wir in unserem Leben verfolgen, doch wenn wir uns in Bewegung setzen, werden wir entdecken, daß sich Hindernisse aller Art vor uns aufbauen. Die Psychosynthese sieht in diesen Hindernissen Helfer. Dadurch, daß wir sie sehen und uns mit ihnen auseinandersetzen, können wir uns effektiver in die gewünschte Richtung bewegen. Hindernisse sind Kraftquellen unseres Seins. Je mehr wir uns mit ihnen auseinandersetzen, desto näher kommen wir unserem wahren Sein. Wir würden uns sonst von unserem wahren Selbst abschneiden und dem uns innewohnenden Potential keine Gelegenheit geben, sich zu entfalten und zu blühen.

Gehen wir daran, zu entscheiden, was wir mit unserem Leben beginnen, wohin wir gehen wollen, so ist eines der ersten großen Hindernisse, auf die wir stoßen, die Konditionierung, die wir als Kinder erfahren haben (und durch Werbung und politische Propaganda noch stets erfahren). Diese Konditionierung zeigt sich am deutlichsten daran, was wir unserer Meinung nach tun »sollten« – früh zu Bett gehen, unsere Zähne putzen, brav sein und so weiter. Wir müssen die Fähigkeit erwerben, frei zu entscheiden und unser Handeln nicht von diesen »Sollte«-Forderungen bestimmen zu lassen. Das ist nicht immer einfach. Wenn wir meinen, wir »sollten« etwas tun, was wir eigentlich gar nicht wollen, wie schaffen wir es dann, unsere echten Absichten zu verwirklichen, ohne mit dem Teil von uns in Konflikt zu kommen, der uns vorschreibt, was wir tun sollten? Eines der Ziele, die die Psychosynthese verfolgt, ist, uns begreiflich zu machen, daß wir größer sind als die Dynamik eines solchen Konflikts. Gewinnen wir Abstand von dem Konflikt und nehmen Verbindung mit unserem Ich auf, so können wir von einem günstigeren Standpunkt aus – und damit klarer – entscheiden.

Erleben wir Grenzerfahrungen, Zeiten, in denen wir uns dieser Verbindung gewahr sind, uns am richtigen Platz und in Harmonie mit unserer Umgebung fühlen und unser Leben erfüllt ist von Liebe, Freude und Wahrheit, dann können wir Affirmationen machen, die erweiternd wirken und uns helfen, solche Werte in unserem Leben zu stärken. Doch wir müssen auch Wege finden, diese positiven Energien zu manifestieren, sie zu erden; sonst werden sie sich in Illusionen auflösen. Die Psychosynthese befaßt sich sowohl mit unserer Beziehung zu diesen Werten als auch mit den Möglichkeiten, sie zu erden. Mit der Psychosynthese arbeiten wir niemals daran, etwas »loszuwerden«. Wir haben es hier vielmehr mit einem Prozeß der Umwandlung durch Einbeziehung zu tun. Dadurch, daß wir transpersonale Werte würdigen und mehr Kontakt zu ihnen bekommen, um sie dann klar zum Ausdruck zu bringen, können wir unserer Persönlichkeit zu größerer Harmonie verhelfen. Mit anderen Worten, wir werden fähig, mehr von unserem Potential zu verwirklichen.

Obwohl wir natürlich einen Psychosynthesetherapeuten (der für gewöhnlich als »Begleiter« bezeichnet wird) aufsuchen können, um individuelle Begleitung zu bekommen, oder uns zur Schulung oder Gruppentherapie einer Psychosynthesegruppe anschließen können, ist die Psychosynthese im Grunde genommen eine Methode der Selbsthilfe. Damit will ich nicht sagen, daß eine Begleitung oder die Teilnahme an einer Gruppe den Weg zur Ganzheit nicht bereichern und oft auch beschleunigen kann, sondern lediglich, daß die Psychosynthese stets darauf abzielt, »die Macht dem Betroffenen selbst zu übertragen«. Das letztendliche Ziel ist, daß wir fähig werden, den Weg selbst zu gehen, ob wir nun ein Buch oder einen Begleiter zu unserem Lehrer machen. Die Psychosynthese verspricht keinerlei Standardresultat. Wie sich die Psychosynthese des einzelnen entwickelt, hängt allein von ihm selbst ab. Mit Übung, Einsicht und Intuition können jedoch wirkliche und befriedigende Ergebnisse erzielt werden.

Einführungsübung: Die Synthese der Teile

Wählen Sie eine bequeme, sitzende oder liegende Haltung, in der Sie entspannt aber wach sind. Machen Sie ein paar tiefe Atemzüge und werden Sie so ruhig wie möglich.

Stellen Sie sich ein einzelnes Atom vor. Sehen Sie den Kern und die um ihn kreisenden Elektronen vor sich. Nehmen Sie sich genügend Zeit, um das Bild deutlich vor Ihrem geistigen Auge entstehen zu lassen.

Nun stellen Sie sich vor, wie sich dieses Atom mit einem zweiten verbindet und wie dann weitere hinzukommen, bis ein Molekül entsteht. Visualisieren Sie deutlich das aus mehreren Atomen bestehende Molekül.

Moleküle können sich verbinden, um Zellen zu bilden. Stellen Sie sich diesen Prozeß vor. Stellen Sie sich vor, wie Ihr Molekül mit anderen Molekülen verschmilzt und Zellen entstehen. Nehmen Sie sich Zeit, um den Vorgang wirklich vor sich zu sehen.

Jedes Lebewesen auf unserem Planeten setzt sich aus solchen Zellen zusammen. Unser Körper besteht aus unzähligen Zellen, die sich zu Geweben, Organen, Blut und Knochen formiert haben – zu all dem, was Sie körperlich zu dem macht, was Sie sind.

Machen Sie sich deutlich, daß Sie aus Zellen bestehen. Ihre Einheit ist abhängig vom harmonischen Zusammenspiel zahlloser Zellen, die ihrerseits wieder abhängen von der Synthese ebenfalls zahlloser Moleküle und Atome.

Auf physischer Ebene kommen all diese Teile zusammen, um uns zu unserem »ganzen Ich« zu machen. Machen Sie sich dieses Wunder deutlich.

Machen Sie sich bewußt, daß dasselbe für Ihre innere Welt gilt. Alle Anteile – Ihre Gedanken, Gefühle, Emotionen, Empfindungen – all das, was Sie ausmacht, ist Teil dieses einen Ganzen, das Sie »Ich« nennen. Werden Sie sich dieses Wunders wirklich bewußt.

Werden Sie sich Ihrer Umgebung wieder bewußt, wenn es für Sie an der Zeit ist, und hängen Sie eine Zeitlang ganz einfach Ihren Gedanken, Gefühlen und Emotionen nach.

DIE INNERE REISE

Die spirituelle Entwicklung ist eine lange und mühselige
Reise, ein abenteuerlicher Weg durch fremde Länder voller
Überraschungen, Schwierigkeiten und sogar Gefahren. Sie
bringt eine drastische Wandlung der »normalen« Grund-
züge der Persönlichkeit mit sich, ein Erwachen bis dahin
schlafender innerer Kräfte, ein Aufsteigen des Bewußtseins zu neuen Ebenen, ein Funktionieren nach neuen
inneren Dimensionen.

Roberto Assagioli

Wollen wir uns selbst und unsere Beziehung zu anderen
Menschen und zu unserer Umwelt erforschen, so ist eine
»Landkarte« hilfreich. Es gibt viele verschiedene Landkar-
ten des Bewußtseins von unterschiedlicher Qualität. Eine
der besten ist die von der Psychosynthese verwendete. Sie
wird zuweilen als »Ei des Seins« oder ganz einfach als »Ei-
Diagramm« bezeichnet.

Ein guter Test für eine »Bewußtseinskarte« ist, ob sie auf
den neuesten Stand gebracht werden kann, wenn neue
Informationen über unser menschliches Bewußtsein und
unsere Funktionsweise ans Licht kommen. Es ist nicht
anders, als wenn wir zum Beispiel durch Spanien reisen
würden. Wir hätten nur etwas von einer Karte, die uns
Spanien zeigt, wie es heute ist, und nicht, wie es vor hundert Jahren war. Weiter ist es wichtig, daß wir eine rele-
vante Karte wählen. Eine Karte von Italien würde uns
wenig nützen auf unserer Reise durch Spanien. Ebenso
wird eine irrelevante Karte des menschlichen Bewußtseins
dem modernen Reisenden nicht viel weiterhelfen.

Eine gute Karte kann uns ermöglichen, zu erkennen, wo wir stehen und wie unsere Beziehung zu dem ist, was hinter uns liegt – unserer Vergangenheit – und zu dem Weg vor uns – unserer Zukunft. Sie wird uns auch helfen, zu erkennen, wer wir sind, insbesondere da sie unseren gegenwärtigen Standpunkt in Raum und Zeit wiedergibt. Eine gute Karte sollte uns weiterhin zu einem besseren Verständnis sowohl unseres eigenen Wesens als auch unserer Beziehung zu Menschen und Dingen verhelfen.

Eine gute Karte hat nicht allzuviele ergänzende Informationen nötig, doch auch sie bedarf einiger Erläuterung. Zumindest müssen uns die verwendeten Symbole erklärt werden. Wie sollten wir sonst wissen, daß ein kleiner schwarzer Kreis mit einem Kreuz darüber eine Kirche mit Turm bedeutet? Mit Hilfe eines guten Reiseführers können wir die Karte am effektivsten lesen. Er könnte uns zum Beispiel darüber aufklären, daß braune Linien mit Zahlen Höhenlinien sind, und daß das Gefälle groß ist, wenn sie dicht beieinander stehen, beziehungsweise gering bei großen Abständen zwischen den Linien. Ein guter Reiseführer wird uns auch die Informationen vermitteln, die wir brauchen, um würdigen zu können, wo wir uns befinden, das »Lokalkolorit« sozusagen. So soll uns denn dieses Kapitel in erster Linie als Führer zur Psychosynthese-Karte, dem »Ei-Diagramm«, dienen.

Es ist von vitaler Bedeutung, daß wir stets wir selbst sind, ob wir nun innerhalb oder außerhalb unseres eigenen Bewußtseins reisen. Doch reisen wir an unbekannten oder neuen Orten, sollten wir daran denken, vorsichtig vorzugehen, und unsere Karte und unseren Reiseführer öfter zu Rate ziehen, als es nötig ist, wenn wir einmal mit dem Gelände vertraut sind. Wichtig zu bedenken ist schließlich noch, daß wir vermutlich besser daran tun, eine andere Karte zu besorgen, wenn eine bestimmte uns persönlich keine guten Dienste leistet. Die Psychosynthese wird uns auch dann weiterhelfen, wenn uns das Ei-Diagramm nicht liegt und wir es nicht verwenden wollen. Sie wird ebensogut funktionieren mit anderen Karten, wie zum Beispiel dem »Baum des Lebens«, den die Kabbalisten zur Erforschung und Erfahrung verschiedener Bewußtseinszustände verwenden.

Für welche Karte wir uns auch entscheiden, wir sollten im Auge behalten, daß die Karte nicht das Land ist. Jede Karte ist die statische Version einer dynamischen Realität. Sie *ist* nicht die Wahrheit, die sie darstellt. Dennoch ist eine Karte ein nützliches Hilfsmittel, das unsere innere Forschungsreise erleichtern kann.

Erreichen wir das innere Land und erforschen es wirklich, so müssen wir das Terrain ganz erleben, ganz in der Erfahrung aufgehen. Es ist daher der Mühe wert, einige Zeit an das Studium der Karte zu wenden; so werden wir mit dem Land vertraut sein und dadurch leichter reisen, wenn wir uns wirklich auf den Weg machen – einen psychischen Berg erklimmen, einen emotionalen Fluß überqueren, in einen Quell spirituellen Verstehens eintauchen oder was immer wir unternehmen werden.

Die wichtigste Karte der Psychosynthese, das »Ei des Seins«, stellt unsere Psyche in ihrer Gesamtheit dar. Die horizontale Unterteilung des Ovals in drei Bereiche steht für unsere Vergangenheit (1), unsere Gegenwart (2) und unsere Zukunft (3). Alle drei sind ständig aktiv in uns, wenn auch in unterschiedlicher Weise. Das ist offensichtlich, wenn wir uns den gegenwärtigen Augenblick ansehen – sind wir doch im Hier und Jetzt und nicht im Damals und Dort! In diesem gegenwärtigen Augenblick jedoch, in diesem Hier und Jetzt, tragen wir unsere Vergangenheit mit uns in Form all unserer Erinnerungen und Erfahrungen, ob sie uns nun gegenwärtig sind oder nicht. In gewissem Sinn macht uns die Gesamtheit unserer Vergangenheit zu dem, was wir im Augenblick sind. In einem anderen, viel-

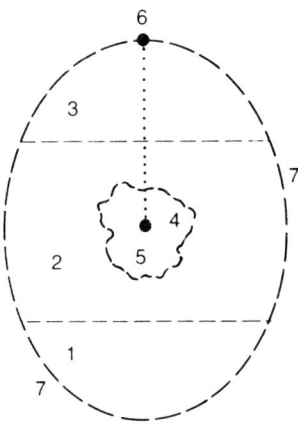

Das »Ei des Seins«

leicht »esoterischeren«, aber nicht weniger realen Sinn, tragen wir auch unsere Zukunft in uns. Sie hat zwar noch nicht stattgefunden, doch ist in uns bereits das Potential zu neuem Werden, zu neuen Erfahrungen, zu neuen Ausdrucksmöglichkeiten vorhanden. Vielleicht besteht jemandens Potential auch darin, sich nicht zu wandeln, nichts Neues zu erfahren, nichts Neues zum Ausdruck zu bringen – auch dieses Potential trägt er bereits in sich.

Das Ei des Seins bezieht sich hauptsächlich auf unsere innere Reise, und so stellen die verschiedenen Bereiche die verschiedenen Aspekte von uns als Einzelwesen mit ihren Beziehungen zu anderen Einzelwesen dar. Betrachten Sie die »Karte«, wenn Sie die Beschreibung lesen. Auf diese Weise werden Sie mit der Karte – und damit auch mit den verschiedenen Aspekten Ihrer selbst – vertrauter.

(1) repräsentiert das *tiefere Unbewußte*, unsere persönliche psychische Vergangenheit, die auch verdrängte Komplexe, langvergessene Erinnerungen umfaßt und Körper-

31

funktionen, über die wir (für gewöhnlich) keine bewußte Kontrolle haben. All unsere fundamentalen Antriebe und »primitiven Impulse« gehören in diesen Bereich, wie auch die elementaren Körperfunktionen. Im Rahmen der Psychsynthese werden uns in erster Linie die verdrängten Inhalte beschäftigen, die uns oft beherrschen, ohne daß wir uns dessen bewußt wären, und die auch in Form von Phobien, Obsessionen, Zwangsimpulsen und dergleichen erfahren werden können.

Wären wir vor kurzem gereist, durch die Türkei zum Beispiel, hätten uns die Erfahrungen dieser Reise verändert und würden dadurch unsere gegenwärtigen Erfahrungen »färben«. Es könnte sein, daß wir einiges erlebt haben, das wir aus unserem Bewußtsein verdrängt haben, weil die Erinnerungen zu unangenehm sind (verdrängte Inhalte). Obwohl wir die Begebenheiten eventuell »bewußt vergessen« hätten, würden sie sich dennoch auf uns auswirken. Wären wir zum Beispiel von einer Meute knurrender Hunde verfolgt worden und mit knapper Not entkommen, so würden wir uns vielleicht nicht gerne an glühende Augen und triefende Fänge erinnern. Und doch hätte das Erlebnis seine Auswirkungen, wie unsere Reaktion auf einen freundlichen kleinen Pudel zeigen könnte.

Vielleicht ist uns als Kind eingeimpft worden, daß wir jedesmal unsere Hände waschen müssen, wenn wir auf der Toilette waren. Das ist an sich ein guter Rat, doch wir sind dahingehend konditioniert worden, daß wir »ungezogen« sind, wenn wir unsere Hände nicht waschen, und so fühlen wir uns immer ein bißchen krank, wenn wir in unserer »Türkei« mal keine Gelegenheit dazu finden. Es könnte natürlich sein, daß irgendwelche Bakterien die Ursache sind. Es könnte aber ebensogut sein, daß die eigentliche Ursache, die wir vergessen haben, in der elterlichen Schelte zu suchen ist, die wir irgendwo in unserem Unbewußten noch immer bekommen, wenn wir nicht gehorchen.

Das sind nur zwei Beispiele von den vielen, vielen Dingen, die wir in unserem »tieferen Unbewußten« mit uns herumtragen und die uns jederzeit beeinflussen können. Achten Sie auf weitere solche Beispiele, doch seien Sie nicht überrascht, wenn Sie diese Aufgabe schwierig finden. Liegt die Macht dieser Begebenheiten aus der Vergangenheit doch zum Teil gerade darin, daß wir uns nicht mehr an sie erinnern und sie dadurch noch stärkeren Einfluß auf uns ausüben können. Zum Glück ist es auch gar nicht notwendig, daß wir uns an sie erinnern, da sie ständig in immer wieder anderer Verkleidung aus dem Unbewußten auftauchen.

Die Erforschung unseres tieferen Unbewußten ist förderlich für unser Wachstum, denn wenn wir lernen, mehr von diesen »älteren« oder verdrängten Aspekten unserer selbst zu integrieren, werden wir unserer Ganzheit näherkommen. Setzen wir die irgendwann unterdrückten Energien frei, so fühlen wir uns gesünder, verfügen über mehr Energien und sind freier in unserem Leben.

(2) repräsentiert das *mittlere Unbewußte*. Hierhin gehören alle Bewußtseinszustände, die problemlos in unser *Bewußtseinsfeld* (4) gerückt werden können. Unser leicht zugängliches mittleres Unbewußtes enthält zum Beispiel Wissen und Informationen aller Art, die nicht ständig gebraucht werden. Wir wissen, wie wir einfache arithmetische Aufgaben lösen können, doch wollen wir wirklich, daß uns dieses Wissen gegenwärtig ist, wenn wir gerade mit Liebe beschäftigt sind? Wir wissen, wie man einen Kuchen backt, aber wollen wir daran denken, während wir diese Zeilen lesen?

Wenn wir wissen, daß wir heute abend eine wichtige Verabredung mit einem Freund haben, können wir dieses Wissen ruhig bis später in unserem mittleren Unbewußten belassen. Handelt es sich um eine aufregende Verabredung, so wird sie natürlich den Tag über immer wieder in unserem Bewußtsein auftauchen und uns von dem ablenken, was wir gerade tun.

Das mittlere Unbewußte enthält auch unterdrückte Elemente, was etwas anderes ist als verdrängte, die wir in unser tieferes Unbewußtes »abgeschoben« haben. An Verdrängtes erinnern wir uns nicht mehr und betrachten es nicht länger als Teil unserer selbst. Von Unterdrücktem wissen wir dagegen sehr wohl, daß es vorhanden ist. Wir wollen es nur aus dem einen oder anderen Grund gerade nicht hervorholen. Hätten wir zum Beispiel im Augenblick wirklich Lust, etwas zu essen, so müssen wir diesen Gedanken vielleicht unterdrücken, bis wir um die Mittagszeit frei sind und in ein Restaurant gehen können. Oder wir wissen etwas über einen Freund, was wir lieber unterdrücken aus Angst, ihn zu beunruhigen oder zu verletzen.

Hiergegen ist nichts einzuwenden, doch müssen wir aufpassen, daß die Dinge, die wir in unserem Bewußtsein unterdrücken, nicht völlig in Vergessenheit geraten, denn sonst werden sie in unser tieferes Unbewußtes abgleiten, von wo aus sie uns zu beherrschen beginnen, anstatt daß wir sie unter Kontrolle haben.

Das *Bewußtseinsfeld* (4) hat in unserer Darstellung die Form einer Amöbe, um zu unterstreichen, daß es ständig in Wandlung begriffen ist. Häufig wird es als Kreis dargestellt, doch ich ziehe aus dem genannten Grund die Form einer Amöbe vor. Das Bewußtseinsfeld ist ständig belebt von Empfindungen, Bildern, Gedanken, Emotionen, Gefühlen, Wünschen und Impulsen, die wir verfolgen und auf die wir nach Ermessen Einfluß nehmen können. Sie können im einen Augenblick entspannt mit Ihrem Partner oder Ihrer Partnerin beisammen sein und einen »Fühler« in Ihre Gefühlswelt ausgestreckt haben. Im nächsten Augenblick läutet das Telefon. Es ist ein Anruf von Ihrem Arbeitsplatz, und Sie ziehen diesen Fühler aus Ihrer Gefühlswelt zurück, um ihn nach einem geistigen Bereich zu strekken, von dem aus Sie ein Gespräch über Arbeit führen können.

Unser Bewußtseinsfeld ist fließend. Es wandelt sich den Informationen über unsere Umgebung entsprechend, die von unserem Fühlen und Denken übermittelt werden. Werden wir von allen Erfahrungen abgeschnitten, so kann sich dies wie eine Zystenbildung auswirken. Die »Amöbe« unseres Bewußtseinsfeldes verhärtet ihre semipermeable Haut, die dann entweder von innen oder von außen oder auch in beiden Richtungen keine klaren Botschaften mehr durchläßt. Es ist Teil der Psychosynthesearbeit, unserer Amöbe Bewegungsfreiheit zu verschaffen und uns ihrer Funktionen und Fähigkeiten deutlicher bewußt zu werden.

(3) repräsentiert das *Überbewußte*, unsere evolutionäre Zukunft, den Bereich, dem alle Inspiration und Erleuchtung entstammt, wie immer wir diese erfahren. Wahre Inspiration kann uns auf künstlerischem wie auf wissenschaftlichem Gebiet zuteil werden. Sie kann uns auf grandiose wie auch auf sehr einfache Weise erreichen. Das Überbewußte ist die Quelle unseres »inneren Genius« und damit vielleicht unser Hauptforschungsgebiet, wenn wir mit klareren Vorstellungen und besseren Erfolgschancen in die Zukunft gehen wollen. Wir werden den Bereich des Überbewußten an anderer Stelle in diesem Buch näher betrachten.

Vielleicht am offensichtlichsten tritt bei den meisten Menschen die Verbindung zu ihrem Überbewußten durch plötzliche Einsichten und »blitzartige Inspirationen« zutage, die aus dem Nichts in ihrem Bewußtsein aufzutauchen scheinen. So sehen wir vielleicht plötzlich die Lösung für ein Problem, das uns tagelang verfolgt hat. Oder wir erkennen plötzlich deutlicher, was wir mit unserem Leben anfangen wollen, nachdem wir monatelang unsicher und richtungslos dahingetrieben sind. Für gewöhnlich sind solche Einsichten und ähnliche »Mitteilungen« ein Zeichen dafür, daß wir Kontakt mit unserem Überbewußten aufgenommen haben.

Die Erforschung dieser drei Bereiche, des tiefen, mittleren und höheren Unbewußten, ist eine der Hauptaufgaben der Psychosynthese. Jede Unterscheidung zwischen dem höheren Unbewußten (oder Überbewußten) und dem tieferen Unbewußten ist eine Frage der Entwicklungsstufe und *nicht* der Moral. Das tiefere Unbewußte ist nicht schlecht oder in irgendeinem Sinne weniger gut oder wichtig als das höhere. Es ist ganz einfach ein früheres Stadium unserer Entwicklung. Es wird als »tiefer« bezeichnet, einfach weil es hinter uns liegt und das »Fundament« unserer heutigen Erkenntnis bildet.

Das Überbewußte ist nicht einfach eine abstrakte Möglichkeit, sondern eine für sich existierende lebendige Realität. Wenn wir es »höheres« Bewußtes oder Überbewußtes nennen, so bedeutet dies nicht, daß es in irgendeiner Weise »besser« ist als wir oder über uns steht. Wir wollen damit lediglich zum Ausdruck bringen, daß die Entwicklung unseres Überbewußten uns das Gefühl vermittelt, unser Bewußtsein auf neue Ebenen der Erfahrung zu heben. Kommen uns Einsichten aus diesem Bereich des Unbewußten, so haben wir oft das Gefühl, daß die Dinge »auf ihren Platz fallen«.

(7) stellt das *kollektive Unbewußte* dar, das allen Lebewesen gemein ist. Wir sind keine isolierten Einzelwesen, keine Inseln, auch wenn wir uns zuweilen isoliert und einsam fühlen. In Wirklichkeit sind wir Teil eines kollektiven Bewußtseinsfeldes, in dem auch alle anderen Lebewe-

sen eine Rolle spielen. Zwischen uns und allen anderen fühlenden Wesen findet ein ständiger und aktiver Austausch statt, ob wir uns dessen bewußt sind oder nicht.

Beachten Sie, daß die Linien des Ei-Diagramms gestrichelt sind, um anzuzeigen, daß es keine rigiden Trennungen gibt, die das freie Wechselspiel zwischen all diesen »Ebenen« behindern würden. Werden wir zu starr und unbeweglich, so ist es, als würde das Ei »hart«. Unsere Arbeit an uns selbst könnte dann darin bestehen, das Ei ein wenig anzuschlagen, um wieder mehr Fluß in unser Leben zu bringen. Werden wir dagegen zu unbestimmt, sind wir »netter« als es gut für uns ist, finden wir es schwierig, eine Linie zwischen uns und anderen zu ziehen, dann ist es, als würden die Räume in dem Ei zu weit und würden zuviel herein- (oder hinaus-) lassen. Es könnte in diesem Fall unsere Aufgabe sein, seine Schale zu verstärken und unsere individuelle Identität zu entwickeln.

(5) ist das *personale Selbst*, das *Ich*, das all die verschiedenen Bewußtseinszustände erlebt. Das Ich erfährt sich als derjenige, der die Gedanken, Emotionen und Empfindungen hat. Unser Ich ist nicht identisch mit diesen unseren wechselnden Bewußtseinsinhalten (Gedanken, Emotionen, Empfindungen usw.), sondern es erfährt sie. Im allgemeinen erleben wir dieses Ich nicht als etwas klar Definiertes. Je mehr wir jedoch mit Hilfe der Psychosynthese an uns arbeiten, desto besser gelingt es uns, in Kontakt zu diesem unserem Ich zu treten und es bewußt als wirklich und lebendig zu erfahren. In gewissem Sinne könnte man sagen, daß wir durch diesen enger werdenden Kontakt mit unserem Ich auf psychischer wie auf physischer Ebene in zunehmendem Maße gesund oder ganz werden.

Das personale Selbst oder Ich ist eine Spiegelung, ein Funke des *transpersonalen Selbst* (6), das sowohl universell als auch individuell ist. Die Erkenntnis des transpersonalen Selbst ist ein Zeichen von spiritueller Entwicklung. Das primäre Ziel der Psychosynthese ist jedoch, daß wir uns des personalen Selbst bewußt werden, denn von hier aus können wir unsere Persönlichkeit wirkungsvoll beeinflussen, was wiederum eine deutlichere und umfassendere Verbindung zu unserem spirituellen oder transpersonalen Selbst und ein besseres Verstehen desselben bewirkt.

Die innere Welt

Obwohl es eigentlich auf der Hand liegt, daß die Karte nicht das Land ist, werden die beiden im praktischen Leben häufig verwechselt. Wir halten das, was wir über irgend etwas zu wissen glauben, für die Wirklichkeit. Betrachten wir unsere innere Welt und verwenden dabei das Ei-Diagramm als Landkarte, so stellen wir fest, daß Unterteilungen und sonstige Einzelheiten eine äußerst statische Wiedergabe einer in Wirklichkeit dynamischen, ständig wechselnden Realität sind. Doch kann die Karte uns immerhin helfen, uns zurechtzufinden.

Machen wir uns daran, unsere innere Welt zu untersuchen, so erkennen wir, daß bestimmte Bilder und Symbole verschiedene Aspekte unserer selbst gut wiedergeben können. Die Psychosynthesetechniken verwenden oft das Bild der Wiese. Die leicht zu visualisierende Wiese entspricht ungefähr dem Bewußtseinsfeld. Was wir auf der Wiese vorfinden oder visualisieren, gehört zu den Inhalten unseres mittleren Unbewußten.

Wir können uns vorstellen, daß von der Wiese ein Pfad durch dichtes Unterholz hinunter zu einem geheimnisvollen dunklen Tal führt. Dieses Tal steht für unser tiefes Unbewußtes. Ebenso können wir uns einen Pfad vorstellen, der auf einen Berg führt, und auf dessen Gipfel einen

Tempel des Selbst. Dieser Berg würde dann unserem Überbewußten entsprechen. Selbstverständlich sind die Wiese, das Tal und der Berg keine »wirklichen« Orte, doch das Bild, das wir von diesen Orten entwerfen, und was wir uns dort vorstellen, ist eine wahrheitsgetreue Wiedergabe unserer inneren Welt. Die folgende Übung macht Gebrauch von dieser Bildersprache.

Übung: Die Wiese

Wählen Sie eine bequeme, sitzende oder liegende Haltung. Lockern Sie enganliegende Kleidung, atmen Sie einige Male tief und schließen Sie die Augen.

Stellen Sie sich vor, Sie sind auf einer Wiese. Lassen Sie sich von Ihrer Vorstellungskraft auf eine sommerliche Wiese entführen... Fühlen Sie das Gras unter Ihren Füßen. Wie lang ist es?... Schauen Sie sich um. Was sehen Sie? Vögel? Insekten? Bäume? Stellen Sie sich möglichst viele Einzelheiten vor. Und denken Sie daran, es ist Ihre Wiese! Ein Richtig oder Falsch gibt es nicht bei dieser Vorstellung.

Bringen Sie auch Ihre anderen Sinne ins Spiel. Was können Sie hören? Vielleicht das Summen von Insekten, Vogelgezwitscher? Den Wind in den Baumwipfeln in der Ferne?... Was riechen Sie auf Ihrer Wiese an diesem warmen Sommertag?... Was schmecken Sie, wenn Sie tief einatmen?... Gönnen Sie sich genügend Zeit, um das Bild Ihrer Wiese zu entwerfen. Sie sollen wirklich »dort sein«. Vielleicht haben Sie Lust, ein wenig umherzuwandern. Was für Kleidung tragen Sie? Wie fühlen Sie sich auf Ihrer Wiese? Nehmen Sie wahr, daß Ihre Wiese am Rand unebener wird, daß sie in einen Abhang übergeht, der in ein tiefes, dunkles Tal zu führen scheint. Sie können sich vornehmen, dieses Tal eines Tages zu erforschen, doch für den

Augenblick nehmen Sie einfach zur Kenntnis, daß es vorhanden ist. Wie fühlen Sie sich, wenn Sie zu dem Tal hinsehen? Was sehen Sie in dieser Richtung?

Nun drehen Sie sich um und erkennen, daß in dieser anderen Richtung ein weiterer Pfad einen Berg hinauf führt. Stellen Sie sich den Berg in all seiner Pracht vor. Beschließen Sie, daß Sie den Berg eines Tages erforschen wollen, doch für heute nehmen Sie ihn einfach wahr. Was fühlen Sie, wenn Sie den Berg betrachten? Was sehen Sie, wenn Sie in diese Richtung schauen?

Während Sie noch zu dem Berg hinschauen, sehen Sie, daß von dort ein Vogel auf Sie zufliegt. Sie nehmen wahr, wie er größer wird, je näher er kommt. Er trägt ein Juwel im Schnabel, das er fallenläßt, als er über Sie hinwegfliegt. Sie fangen es mit den Händen auf und danken dem Vogel für seine Gabe. Während Sie es in fest in der Hand halten, fühlen die Macht und die Kraft, die von diesem Gegenstand ausgeht.

Nun betrachten Sie den Edelstein. Wie sieht er aus? Welche Farbe hat er? Wie groß ist er? Wissen Sie, was für ein Stein es ist? Machen Sie sich ein deutliches Bild von Ihrem Juwel. Wenn Sie sich bereit fühlen, öffnen Sie die Augen und kehren zu Ihrem normalen Alltagsbewußtsein zurück. Ihr Juwel bringen Sie mit.

Vielleicht haben Sie Lust, ein Bild von Ihrem Juwel zu malen oder in Ihrem Tagebuch oder Arbeitsprotokoll darüber zu berichten. Es ist ein Geschenk Ihres Überbewußten und wird Sie als magischer Talisman auf Ihren Forschungsreisen durch die Tiefen – und ebenso auf die Höhen – Ihres Unbewußten begleiten und beschützen. Machen Sie weisen Gebrauch davon. Dann wird seine Kraft und sein Leuchten mit Ihnen wachsen.

Die vielfältige Persönlichkeit

Das psychische Dasein kann als ständige Polarität und Spannung zwischen unterschiedlichen Tendenzen und Funktionen betrachtet werden und als ständige – bewußte oder unbewußte – Bemühung, ein Gleichgewicht herzustellen.

Roberto Assagioli

Das Leben scheint oft ein endloser Kampf zwischen verschiedenen Teilen von uns zu sein, die verschiedene Wünsche haben. Je mehr wir uns selbst betrachten, desto mehr haben wir den Eindruck, daß wir kein einheitliches Ganzes sind, sondern aus vielen verschiedenen Teilen bestehen, die alle ihre eigenen Bedürfnisse und Wünsche haben. Wir sind jedoch keine gespaltenen, sondern vielfältige Persönlichkeiten. Diese »kleinen Persönlichkeiten« in uns werden in der Psychosynthese als »Subpersönlichkeiten« bezeichnet. Jede von ihnen hat eine Rolle in unserem Leben zu erfüllen. Wir alle spielen viele verschiedene Rollen, und so sind unsere Gedanken und Gefühle in bezug auf das, was gut für uns ist, und wer wir überhaupt sind, oft widersprüchlich. Sie könnten zum Beispiel eine »Mutter« sein, die am Morgen ihre Kinder zur Schule schickt, unmittelbar darauf eine »Hausfrau«, die das Frühstücksgeschirr wäscht, später am Vormittag eine »Tänzerin« in einer Aerobic-Gruppe und um die Mittagszeit eine »Freundin«, die sich zum Mittagessen verabredet hat. Währenddessen ist Ihr »Ehemann« in seinem Büro »Berufstätiger« geworden. Am Abend werden Sie beide dann alleine sein und »Liebende« werden. Diese Beschreibung mag klischeehaft erscheinen, doch häufig läuft unser Leben auf eben diese Art ab. Wir alle spielen solche Rollen und und schlüpfen mit großer Leichtigkeit von einer in die andere.

Wie weit sind wir uns der Rollen bewußt, die wir spielen? Schlüpfen Sie ohne Schwierigkeiten in die Rolle eines Teilselbst, das leicht errötet und in einer Menschenmenge schüchtern ist? Werden Sie zu einem ärgerlichen Teil Ihrer selbst, nur weil Sie einen Bus verpaßt haben? Fühlen Sie sich zuweilen »festgefahren« in Ihrer Rolle als Hausfrau oder Bankkaufmann und sehnen eine Änderung herbei? Vielleicht identifizieren Sie sich auch so stark mit einer Rolle, die Sie spielen, daß Sie nicht einmal erkennen, daß es sich um eine Rolle handelt. Sie halten sie für Ihr »wirkliches« Ich.

Unsere Persönlichkeit ließe sich mit einem Orchester vergleichen. Die verschiedenen Rollen, die wir spielen, sind die Musiker dieses Orchesters. Lernen wir, unser Leben klarer zu definieren und die Prozesse, die wir durchlaufen, umfassend und in positiver Weise zu steuern, so werden wir zum Dirigenten, der jedes Orchestermitglied seinen Part spielen läßt und gleichzeitig darauf hinarbeitet, aus dem Orchester – beziehungsweise der Persönlichkeit – ein harmonisches Ganzes zu machen. Dieser Dirigent ist das personale Selbst, das Ich. Als Dirigent werden wir auch Verbindung mit dem Komponisten aufnehmen, dem transpersonalen Selbst. Er wird uns sagen, wie die Komposition unseres Lebens gespielt werden sollte. Vielleicht wird er uns auch Auskunft über den jeweiligen Part der einzelnen Musiker in dem Orchesterstück geben.

Eine Möglichkeit, mehr über unsere verschiedenen Subpersönlichkeiten zu erfahren, besteht darin, ihnen Namen zu geben. Roberto Assagioli schlug vor, sie mit Humor zu benennen, um auf diese Weise Zugang zu ihren Energien zu finden und einen gesunden Abstand sowie die notwendige Leichtigkeit bei unserer Arbeit an uns selbst zu gewährleisten. So könnten wir zum Beispiel einen etwas verrückten, emotionalen Teil unserer selbst »Spinner« nennen, einen herrschsüchtigen »Besserwisser« und einen mädchenhaft verträumten »Alice« (im Wunderland). Durch diese Benennung unserer Subpersönlichkeiten haben wir sie identifiziert als etwas, was nur einen Teil dessen ausmacht, was wir sind, und wir haben ihnen eine Adresse gegeben, über die wir sie erreichen und mit ihnen zusammenarbeiten können.

Denken Sie nun eine Weile über Ihre verschiedenen Subpersönlichkeiten nach. Es wäre gut, eine Liste aufzustellen. Anschließend sollten Sie überlegen, wie viele Sie benennen können. Sie werden leichter einen Anfang finden, wenn Sie an Ihre hervorstechenden Charaktereigenschaften, Einstellungen und Motive denken. Lassen Sie von jeder Teilpersönlichkeit ein Bild entstehen. Es kann ein menschliches Wesen darstellen, männlich oder weiblich, es kann auch ein Tier sein, ein mythisches Geschöpf oder was auch immer. Konstruieren Sie diese Bilder nicht. Sie sollten spontan aus Ihrem Unbewußten kommen.

Sie können mit den deutlicher erkennbaren Rollen beginnen, wie zum Beispiel der des Ehemanns oder der Ehefrau, des Partners oder der Partnerin, der Tochter oder des Sohnes, des oder der Berufstätigen, des Sportlers oder der Sportlerin und so weiter. Dann betrachten Sie die Subpersönlichkeiten, die auf unterschiedlichen Geistesverfassungen basieren – den elenden alten Mann, die wütende Katze, den Narren, den Aufseher, den Leitwolf, den Mystiker, das traurige kleine Mädchen, den vernünftigen Erwachsenen, den schüchternen jungen Mann und so weiter. Es geht nicht darum, die längste Liste in der ganzen Stadt zu haben, sondern vielmehr darum, welche Subpersönlichkeiten Sie ohne weiteres zum gegenwärtigen Zeitpunkt Ihres Lebens ausmachen können. Die Liste wird sich wandeln. Wenn Sie an sich arbeiten und Fortschritte machen, können Sie immer mehr Subpersönlichkeiten hinzufügen.

Wenn wir beginnen, uns Gedanken über unsere Subpersönlichkeiten zu machen, finden wir am leichtesten Zugang zu denjenigen, die Teil dessen sind, was man als unsere »Kernpersönlichkeit« bezeichnen könnte. Es sind dies die Subpersönlichkeiten, die wir bereitwillig als Teil unserer selbst anerkennen. Einige von ihnen fügen sich gut in unser Leben ein und leisten uns gute Dienste. Sie bilden die Grundlage dessen, was zuweilen unser »Ego« genannt wird. Sie machen das aus, was wir unserer Meinung nach sind.

Andere Subpersönlichkeiten sind eher unterdrückt. Sie befinden sich in unserem mittleren Unbewußten. Wir wissen um ihr Vorhandensein, doch wir erkennen sie nicht gern als zu uns gehörig an. Je nach der Konditionierung, die wir erfahren haben, und verschiedenen sonstigen Faktoren, die Einfluß auf unsere Entwicklung hatten, können hierunter Subpersönlichkeiten fallen, die »verbotene Sexualtriebe« repräsentieren, Anteile von uns, die wir verbergen, weil wir sie als unwürdig betrachten, machtvolle Anteile, die bedrohlich für unsere Selbsteinschätzung sind. Auch selbstbewußte Persönlichkeitsanteile können hier angesiedelt sein, die vielleicht zu aggressiven Subpersönlichkeiten verformt sind. Ebenso gehört hierher der durch soziale Konditionierung entstandene Leitwolf, der uns unablässig sagt, was wir zu tun und zu lassen haben.

Manche Menschen können nahezu nichts tun, was nicht von der Stimme ihres inneren Leitwolfs kommentiert wird, die ihnen sagt, ob das, was sie tun, »richtig« oder »falsch« ist, ob sie es tun sollten oder nicht. Häufig werden all diese unterdrückten Subpersönlichkeiten auch auf andere Menschen projiziert. Darunter verstehe ich, daß wir oft in anderen Menschen etwas sehen, was in Wirklichkeit in uns selbst steckt. So können wir zum Beispiel andere beschuldigen, zornig, herrschsüchtig oder lästig zu sein, während in Wirklichkeit wir selbst so fühlen, ein Sachverhalt, den wir erkennen könnten, wenn wir unser Augenmerk auf unsere eigene Verfassung richten würden. Wir können unsere Gefühle sogar auf eine ganze Gruppe oder die Menschheit im allgmeinen projizieren. Denken wir nur daran, wie Ausländern oft die Probleme der Nation angehängt werden, oder denken wir an den Betrunkenen, der »versoffenes Pack« krakeelt.

Noch tiefer verborgen, in unserem tieferen Unbewußten, sind die verdrängten Anteile unserer selbst, primitive Anteile, die unter Verschluß und nicht akzeptiert sind. Sie bilden das, was manchmal »der Schatten« genannt wird. Diese Anteile von uns können kaum als Subpersönlichkeiten bezeichnet werden, wissen wir doch so wenig von ihnen. Zuweilen kommen sie an die Oberfläche und beherrschen uns, doch im allgemeinen gelingt es uns gut, sie zu verdrängen. Wir müssen lernen, uns mit ihnen auseinanderzusetzen, so daß wir die Energie freisetzen können, die wir jetzt gebrauchen, um sie unter Verschluß zu halten. Gelingt es uns, diese Energie zu befreien, so stellen wir für gewöhnlich fest, daß wir gewachsen sind und eine Wandlung durchgemacht haben, vielleicht nur eine geringe und subtile, aber dennoch reale und faßbare Wandlung.

Die Psychosynthese macht sich zum Ziel, das Bewußtsein zu erweitern, so daß es alle drei Kategorien aufnehmen kann. Wir können nur Subpersönlichkeiten transformieren, mit denen wir Verbindung aufnehmen und deren Grundbedürfnisse wir erfüllen. Solange uns das nicht gelingt, bleiben wir zerrissen. Ist unsere Persönlichkeit nicht integriert, kann sich ein Teil abspalten und, wie in Trance, handeln, als wäre er »fremd am Ort«. Er ist abgeschnitten von jeder echten, direkten Erfahrung, und wenn er sich äußert, dann häufig in Form eines äußerst unausgeglichenen Eintretens für seine Bedürfnisse. Es kann auch vor-

Die Persönlichkeit

kommen, daß Teile von uns ihre Identität nur durch andere finden und stets mehr fordern, nie das Gefühl haben, daß ihre Bedürnisse erfüllt sind. Eine solche Teilpersönlichkeit erkennt nur über ihre Beziehung zu jemand (oder etwas) anderem, wo sie steht. Ohne einen solchen Bezug fühlt sie sich verloren und wird im allgmeinen alles tun, was in ihrer Macht steht, um dieses Gefühl der Verzweiflung zu vermeiden.

Wir können uns mit manchen unserer Rollen so sehr identifizieren, daß es sehr schwer wird, sie loszulassen. Stellen Sie sich eine Mutter vor, deren Kind erwachsen ist und vor der Entscheidung steht, das elterliche Zuhause zu verlassen. Sie liebt ihren Sohn oder ihre Tochter und möchte das Beste für ihr Kind, doch sie hängt so an ihrer Mutterrolle, daß die Trennung sie sehr traurig macht. Sie klammert sich an ihre Rolle, und nur durch aktive Auseinandersetzung mit ihrer Traurigkeit wird sie die Energien freisetzen, die sie braucht, um weitergehen zu können. Hat sie diesen Prozeß hinter sich gebracht und ihre alte Rolle aufgegeben, wird sie feststellen, daß sie ihr Kind keineswegs »verloren« hat. Da sie sich nicht mehr so mit ihrer Mutterrolle identifiziert, kann sie sie – paradoxerweise – besser spielen.

Oder stellen Sie sich einen Mann vor, der den größten Teil seines Lebens von neun bis fünf Uhr in seinem Büro gearbeitet hat und nun pensioniert ist. Unglücklicherweise hat er sich so mit seiner Rolle am Arbeitsplatz identifiziert, daß er nichts mit seiner neugewonnenen Zeit und »Freiheit« anzufangen weiß. Er ist gelangweilt und fühlt sich verloren. Er ertappt sich sogar dabei, daß er sich zurück in sein Büro wünscht. Die Pensionierung, auf die er sich so lange gefreut hatte, scheint ihren Reiz verloren zu haben. Er wird Wege finden müssen, seine alte Rolle abzulegen und neue Interessen zu kultivieren, die an die Stelle der alten treten können.

Wir alle kennen Menschen, die zumindest in manchen Aspekten ihres Lebens nicht »erwachsen« geworden sind. Da ist zum Beispiel der dreißigjährige Mann, der noch immer mit seiner Eisenbahn spielt. Vielleicht identifiziert er sich in diesen Augenblicken mit einer seiner Subpersönlichkeiten, die noch immer ein Junge von zehn Jahren ist. Vielleicht kehrt er sozusagen in eine frühere Zeit zurück, um irgendwelchen schmerzvollen Problemen zu entgehen, die das Heranwachsen mit sich brachte. Oder stellen Sie sich eine Frau von fünfzig Jahren vor, die sich in Gesellschaft von Männern noch immer wie ein junges Mädchen verhält. Wir alle tragen Beispiele solcher Subpersönlichkeiten in uns. Es ist, als befänden sich unsere verschiedenen »kleinen Ichs« in unterschiedlichen Entwicklungsstadien. Manche haben die volle Reife erreicht, andere sind noch »jünger« oder sogar infantil, wenn sie mit schmerzvollen oder schwierigen Problemen konfrontiert werden.

Es soll hier nicht angedeutet werden, daß es irgendwie nicht in Ordnung ist, Subpersönlichkeiten zu haben. Weit davon entfernt! Geben sie uns doch die Mittel an die Hand, uns mit uns selbst, mit anderen Menschen und der Welt im allgemeinen auszutauschen und eine wechselseitige Beeinflussung in Gang zu setzen. Jeder Subpersönlichkeit kommt eine wichtige Rolle in unserem Dasein zu. Probleme entstehen erst dann, wenn nicht wir Subpersönlichkeiten haben, sondern, im Gegenteil, sie uns haben, das heißt beherrschen. So können wir am Abend von unserer Arbeit nach Hause kommen und nicht imstande sein, unsere Gedanken davon zu lösen. Dabei wäre es vielleicht schon ausreichend, wenn wir ein Bad nehmen und uns umziehen würden, um uns von unserer Rolle des Tages zu »disidentifizieren«.

Die Psychosynthese bietet uns die Techniken, die es uns ermöglichen, die Rollen zu erkennen, die wir spielen, und dann klarer zu entscheiden, wann es sinnvoll ist, uns mit ihnen zu identifizieren oder von ihnen zu disidentifizieren. Auf diese Weise wird unser Leben harmonischer, und wir gewinnen die Fähigkeit, zu wählen und zu entscheiden, was wir wirklich wollen. Mit anderen Worten, die Psychosynthese verhilft uns dazu, Dirigent unseres Lebensorchesters zu werden und gleichzeitig jeden Part im Orchester zu spielen, den wir spielen wollen.

Wünsche und Bedürfnisse

Unsere Subpersönlichkeiten wissen, was sie wollen, und sie sind entschlossen, es auch zu bekommen. Das kann an sich durchaus in Ordnung sein, doch entstehen Probleme, wenn die Wünsche einer Subpersönlichkeit mit denen einer anderen in Konflikt kommen. Zum Beispiel kann ein Teil von uns den Wunsch haben, ins Kino zu gehen, während ein anderer lieber zu Hause bleiben möchte. Ebenso könnte es sein, daß ein Teil von uns das dringende Bedürfnis hat, eine stumpfsinnige Arbeit aufzugeben, und ein anderer, ängstlicher Teil dies verhindert.

Zu den tiefgreifendsten gehören Konflikte zwischen Teilpersönlichkeiten, die sich mit ihrem Denken und solchen, die sich mit ihren Emotionen identifizieren. So sagt Ihr Gefühl Ihnen zum Beispiel, daß Sie jemandem sagen sollten, daß Sie ihn oder sie lieben, doch Ihr Verstand meint, daß Sie dann ausgelacht würden. Oder Sie wissen, daß regelmäßiges Körpertraining gut für Sie wäre, doch ein Teil von Ihnen ist zu faul. Solche inneren Konflikte können auf ziemlich widersprüchliche Art an den Tag treten. Ein Mann kann am Arbeitsplatz ein »strenger Chef« und zu Hause ein »schwacher« Ehemann und Vater sein. Sie können am einen Tag der Mittelpunkt einer Party sein und am nächsten ein Nervenbündel, das sich fürchtet, auch nur bis zur nächsten Straßenecke zu gehen, um einzukaufen. Arbeiten wir an der Harmonisierung der Beziehung zwischen intellektuellen und emotionalen Funktionen, so kann dies zu einer Freisetzung kreativer Energien führen. Als Begleiterscheinung werden sich transpersonale Werte wie Liebe, Freude, Wahrheit und Schönheit bemerkbar machen. Wir wollen sie in einem späteren Kapitel behandeln.

Um die Wünsche verschiedener Teilpersönlichkeiten in Harmonie zu bringen, müssen wir tiefer gehen und ihre Bedürfnisse ergründen. Bedürfnisse sind umfassender als Wünsche. So können die beiden Wünsche »Ich möchte, daß du mich jetzt sofort in die Arme nimmst« und »Ich möchte, daß du deine eigenen Entscheidungen respektierst« miteinander kollidieren. Spüren wir jedoch das zugrundeliegende Bedürfnis auf, vielleicht ein allgemeines Bedürfnis nach mehr Zuneigung im Leben, so lassen sich Wege finden, es konfliktlos zu befriedigen. Wir können diese Verlagerung vom »Wunsch« zum »Bedürfnis« einfach dadurch bewerkstelligen, daß wir den Ausgangskonflikt identifizieren und dann auch akzeptieren. Wir müssen akzeptieren, daß wir mit ihm leben müssen, wenn wir ihn nicht lösen können. Ist es uns erst gelungen, die Wünsche beider Seiten zu akzeptieren, so wird eine Transformation möglich.

Wir müssen all unsere Subpersönlichkeiten kennenlernen. Wir erreichen dies, indem wir den Dialog mit ihnen aufnehmen. Wir müssen ihnen eine Stimme zubilligen, und sie müssen wissen, daß ihre Wünsche zur Kenntnis genommen werden. Dann bauen wir eine Beziehung mit ihnen auf, in deren Rahmen die umfassenderen Bedürfnisse aller Betroffenen berücksichtigt werden. Wir können all unsere Teilpersönlichkeiten trotz ihrer Fehler lieben lernen und ihnen dadurch den Raum geben, den sie zum Wachsen brauchen.

Viele der Konflikte, die wir zwischen verschiedenen Teilpersönlichkeiten erleben, sind ein Ausagieren der Dynamik zwischen Liebe und Macht (oder Willen). Wir können mehr über unsere Subpersönlichkeiten erfahren, wenn wir sie im Lichte dieser Dynamik betrachten. Begnügt sich eine Subpersönlichkeit damit, einfach da zu sein? Möchte sie geliebt werden? Oder möchte sie aktiv sein, handeln und vielleicht herrschen? Ist sie traurig oder verletzt, wenn sie keine Liebe bekommt? Oder ist sie es, wenn sie ihren Willen nicht durchsetzt? Packt sie die Wut, weil sie erkennt, daß es in Ihrem Leben nicht genug Liebe gibt? Oder ist ihre Wut Zeichen eines Machtproblems?

Wir werden diese Fragen nicht durch intellektuelle Annäherung beantworten können. Wir müssen unsere Subpersönlichkeiten beobachten, hören, was sie zu sagen haben, und erkennen, was sie fühlen. Auf Liebe bedachte Subpersönlichkeiten werden bestrebt sein, dazuzugehören, angehört und umsorgt zu werden. Diejenigen, die auf Macht aus sind, werden in der Lage sein wollen, ihren Bedürfnissen Ausdruck zu verleihen, und sie werden sich nicht eingeschränkt sehen wollen in ihrer Freiheit, Entscheidungen zu treffen, die sie für richtig erachten. Es ist Teil Ihrer Arbeit, sicherzustellen, daß all diesen Wünschen in harmonischer Weise begegnet wird.

Subpersönlichkeiten neigen dazu, entweder alles ändern zu wollen (was sie betrifft) oder aber zu wünschen, daß alles beim alten bleibt. Diese Wünsche stehen für gewöhnlich in dynamischer Wechselbeziehung mit ihrem Bedürnis nach Liebe oder Macht. Eine liebesbedürftige Teilpersönlichkeit könnte sich zum Beispiel nach Änderung sehnen unter dem Motto: »Alles würde besser werden, wenn du mich nur lieben wolltest.« Eine andere liebesbedürftige Teilpersönlichkeit dagegen würde keine Änderung wollen, mit der Begründung: »Ich könnte nicht leben ohne dich.« Die Psychosynthese lehrt uns, so weit wie möglich zu kooperieren – uns für Änderung zu entscheiden, wenn es angemessen ist, oder für Stabilität in Fällen, in denen dies die bessere Wahl ist.

Um dem transpersonalen Selbst näherzukommen, müssen wir lernen, sowohl dem, was sich wandelt, als auch dem, was unverändert bleibt, mit Vertrauen zu begegnen. Dabei dürfen wir weder dem Wandel noch dem gegenwärtigen Zustand zu sehr verhaftet sein. Unsere Erkenntnis muß gepaart sein mit der Beherrschung unserer Psyche. Wir können unsere Willenskraft einsetzen, um nicht länger gedankenlos von einer Subpersönlichkeit in die andere zu schlüpfen, sondern jederzeit die angemessene Rolle wählen zu können. Wir tragen in uns die Fähigkeit, Lenker unseres Wagens zu werden. Wir sind nicht gezwungen, uns mit der Rolle des Fahrgastes zu begnügen.

Von transpersonalen Ebenen auf die Persönlichkeit ausstrahlende Werte werden dort »abgewertet«: Vertrauen wird zu Vertrauensseligkeit, Mut zu Tollkühnheit, Mitgefühl zu Selbstmitleid und so weiter. Mit Hilfe der Psychosynthese können wir uns dessen bewußt werden und den

Prozeß umkehren, so daß diese Werte wieder »erhöht« werden. So kann sich unser Selbstmitleid zu echtem Mitgefühl wandeln. Je mehr wir in dieser Richtung an uns arbeiten, desto weniger werden Probleme dieser Art unser tägliches Leben belasten. Vielleicht werden wir niemals völliges Einssein erreichen, doch je mehr wir uns darauf zubewegen, desto weniger werden sich Verzerrungen bemerkbar machen. Könnten wir je völlig eins werden, so wären wir frei von allen Konflikten und Verzerrungen.

Jedes Arbeiten an unseren Subpersönlichkeiten setzt Energie frei und gibt uns damit die Möglichkeit, unserem Zentrum, unserem wahren Ich näherzukommen. Dies kommt darin zum Ausdruck, daß unser Leben zunehmend harmonischer wird. Unsere multiple Persönlichkeit, unser »Orchester« wächst, findet zum Einklang und heilt damit letzten Endes unser Gespaltensein.

Übung: Der schöne Garten

In dieser Übung begegnen Sie einer Subpersönlichkeit, die Sie zu einem wunderschönen Garten führen wird. Genießen Sie das Erlebnis und machen Sie die Erfahrung, daß Subpersönlichkeiten nicht immer kollidieren, weder untereinander noch mit Ihnen.

Setzen Sie sich bequem oder legen Sie sich hin, atmen Sie einige Male tief und entspannen Sie sich. Stellen Sie sich vor, Sie sind auf einer Wiese. Nehmen Sie sich genügend Zeit, um sich einzustimmen ... Wie ist der Himmel? Ist es ein sonniger Tag? ... Wie fühlen Sie sich? ... Was hören Sie? Vielleicht Vogelstimmen? ... Was riechen Sie? ... Was sehen Sie? ... Erleben Sie Ihre Wiese, als wäre sie Wirklichkeit.

In der einen Richtung erblicken Sie eine Hütte oder ein kleines Haus. Gehen Sie darauf zu. Beim Gehen fühlen Sie den Erdboden unter Ihren Füßen. Achten Sie darauf, daß Sie ganz und gar auf Ihrer Wiese sind ... Wenn Sie das Haus erreichen, wird Ihnen klar, daß dort eine Ihrer Subpersönlichkeiten wohnt. Sie fragen sich, wer es ist und wie Sie wohl empfangen werden. Während Sie auf die Tür zugehen, sind Sie sich Ihrer Erregung und Ihrer Erwartungen bewußt.

Sie klopfen an die Tür und warten gespannt ... Grüßen Sie denjenigen, der Ihnen die Tür öffnet und betrachten Sie ihn oder sie. Ist es ein Mann, eine Frau oder ein Kind? Alt oder jung? Machen Sie sich ein möglichst genaues Bild mit vielen Details ... Dann wechseln Sie ein paar Worte mit dem Bewohner oder der Bewohnerin und fragen, wenn Sie wollen, nach seinem oder ihrem Namen. Sammeln Sie möglichst viele Informationen über ihn oder sie.

Dann werden Sie in den Garten gebeten. Es ist ein wunderschöner, sonniger Garten, angefüllt mit Blumen aller Art, die in voller Blüte stehen. Betrachten Sie die Blumen aufmerksam, nehmen Sie ihre Farben wahr, ihren Duft, ihre Schönheit ... Nehmen Sie diese Eindrücke ganz in sich auf ... Wandern Sie mit der Subpersönlichkeit tief in den Garten hinein und entdecken Sie eine einzelne Blume, von der Sie sich besonders angezogen fühlen.

Beide betrachten Sie die Blume, auf die ein heller Sonnenstrahl fällt. Fühlen Sie, wie ihre Schönheit Ihre Gedanken und Gefühle verwandelt. Fühlen Sie deutlich die Wirklichkeit dieses schönen Gartens um sich.

Wenden Sie sich der Subpersönlichkeit zu, um zu erkennen, ob sie sich verändert hat. Beginnen Sie ein Gespräch und fragen Sie, wie sie sich fühlt, ob sie irgendwelche Veränderungen wahrnimmt, und wenn ja, welche. Fragen Sie Ihre Subpersönlichkeit, was sie benötigt, um den Garten in seiner ganzen Schönheit zu erhalten und auch die Veränderungen beizubehalten, die sich vielleicht ergeben haben.

Zum Schluß danken Sie Ihrer Subpersönlichkeit dafür, daß sie Sie in ihren Garten geführt hat, verabschieden sich und lassen Ihr Bewußtsein in Ihre normale Umgebung zurückkehren.

Halten Sie das Erlebnis in Ihrem Tagebuch oder Arbeitsprotokoll fest und machen Sie sich Notizen über die Bedürfnisse der Subpersönlichkeit. Wie können Sie diese Bedürfnisse oder zumindest einige Aspekte davon in Ihrem täglichen Leben zum Ausdruck bringen und befriedigen?

Selbstidentifikation

Wir werden von allem beherrscht, womit sich unser Ich identifiziert. Wir können alles beherrschen und unter Kontrolle bekommen, wovon wir uns disidentifizieren.

Roberto Assagioli

Im letzten Kapitel war von Subpersönlichkeiten die Rede, von denen eine jede eine wichtige Rolle als Teil unseres gesamten Wesens zu spielen hat, und von Problemen, die entstehen können, wenn wir uns zu sehr mit einer dieser Subpersönlichkeiten identifizieren oder zu sehr an ihr hängen. Dann ist es, als hätten nicht wir Teilpersönlichkeiten, sondern als hätten sie uns. Da war von der Mutter die Rede, die so sehr mit ihrer Mutterrolle identifiziert ist, daß sie ihre Kinder nicht loslassen kann, wenn sie das elterliche Zuhause verlassen. Und da war der Mann, der von seinem Büro nach Hause kommt und sich so mit seiner Rolle am Arbeitsplatz identifiziert, daß er unfähig ist, sich bei seiner Familie zu entspannen, der sich ständig Gedanken darüber macht, was an diesem Tag war und was am nächsten sein wird. Ihm wird kaum der Gedanke kommen: »Ich wünschte nur, ich wäre nicht so sehr mit der Rolle identifiziert, die ich an meinem Arbeitsplatz zu spielen habe.« Im allgemeinen wird er ganz im Gegenteil so in seiner Rolle gefangen sein, daß solche Betrachtungen nicht aufkommen können. Wir können uns so mit einer Rolle identifizieren, daß wir uns niemals auch nur die Zeit nehmen, innezuhalten und zu erkennen, wie uns in Wirklichkeit zumute ist. Wir können sogar der Überzeugung sein, daß es uns gefällt, derart eingebunden zu sein!

Um unsere Identifikation zu erkennen, können wir auch die Funktionen betrachten, über die wir mit unserer Umwelt in Verbindung stehen. Da ist unser Körper zu nennen (und unsere Sinnesempfindungen), unsere Gefühle (und Emotionen), unsere Gedanken (oder unser Geist). Selbstverständlich sind diese Funktionen in Wirklichkeit nicht streng getrennt, sondern es besteht eine wechselseitige Beziehung. Nehmen wir zum Beispiel unsere Gedanken. Sie sind von Empfindungen und Gefühlen begleitet. Dennoch ist es sinnvoll, sie getrennt zu betrachten, denn es hilft uns, sowohl sie besser zu verstehen, als auch, uns von ihnen zu lösen.

In unseren ersten Lebensjahren, ungefähr bis zum Alter von sieben Jahren, sind wir hauptsächlich auf die Entwicklung unseres Körpers fokussiert. Wir beschäftigen uns mit dem Überleben in unserer »physischen Realität«. Dann findet eine Verlagerung des Schwerpunkts auf die Entwicklung unseres Gefühlslebens statt, wo er bis zur Pubertät und auch noch während dieser bleibt. Der Beginn der Sexualität kann als ein Zusammenfinden von Körper und Gefühl gesehen werden. Bis zum Alter von zwanzig Jahren befassen wir uns dann in erster Linie mit der geistigen Entwicklung. Häufig gehen wir durch Identitätskrisen, an denen Körper, Geist und Gefühl beteiligt sind. Unsere Entwicklung kann, wie die Abbildung zeigt, mit einer dreiblättrigen Pflanze verglichen werden. Die Blüte entspricht hier dem Ich oder personalen Selbst, das ans Licht tritt und Energie vom transpersonalen Selbst bezieht wie die Pflanze von der Sonne. Um effektiv funktionieren zu können, brauchen wir die ganze, gut und gleichmäßig entwickelte Pflanze, sonst sind wir nicht imstande, die Strahlen der Sonne (des Selbst) aufzunehmen und weiterzuleiten.

Um unsere Persönlichkeit effektiv entwickeln zu können, müssen wir in guter Verbindung zu Körper, Geist und

Gefühlen stehen. Dies ist am besten zu verwirklichen, wenn wir differenzieren, das heißt, wir müssen imstande sein, zu erkennen, was mit uns geschieht, ob das, was wir erleben, in Wirklichkeit eine Erfahrung der Sinnesempfindung (d. h. eine körperliche), des Fühlens (d. h. eine emotionale) oder des Denkens (d. h. eine geistige) ist. Auf diese Weise können wir uns ein besseres Bild davon machen, welche dieser Funktionen in unserem täglichen Leben im Vordergrund steht und welche leicht übersehen wird. Das Verhältnis wird selbstverständlich je nach Lage variieren, doch können wir immerhin feststellen, ob wir uns vorwiegend geistig, emotional oder körperlich identifizieren.

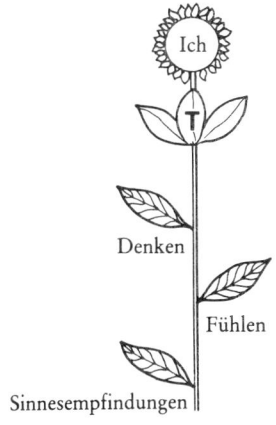

Funktionenblume

In der Psychosynthese versuchen wir, den Energiepegel der weniger entwickelten Anteile anzuheben, hauptsächlich durch Einbeziehung. Wir arbeiten auch daran, bei den stärker unterdrückten Funktionen mehr Ausgewogenheit zu erreichen. Es ist eines der Prinzipien der Psychosynthese, daß jede der Funktionen »ganz« sein muß, ehe eine Synthese mit anderen Funktionen möglich ist, ehe sie vollständig in die zu integrierende Persönlichkeit eingebracht werden kann.

Haben wir das Gefühl, daß wir, um ein Beispiel zu nennen, ein ausgewogeneres Verhältnis zu unseren Emotionen entwickeln müssen, ist es dann sinnvoll, heute abend zu einer ausgelassenen Party zu gehen? Je nach unseren persönlichen Umständen kann es gut für uns sein oder auch nicht. Doch schon die Tatsache, daß Erkenntnis ins Spiel gebracht und auf diese Weise differenziert wird, ermöglicht klarere Entscheidungen. Wir folgen dann nicht mehr bloßen Launen, die uns eventuell von dem gewählten Weg der Selbsterkenntnis ablenken.

Ein anderes Beispiel wäre jemand, der seine geistigen Funktionen entwickeln möchte, aber Mühe hat, etwas zu lesen, was über die monatlichen Modehefte hinausgeht. Abgesehen davon, daß gegen dieses begrenzte Interesse an sich nichts einzuwenden ist, würde ein solcher Mensch weit besser daran tun, sich für eine geistig anregendere Lektüre zu entscheiden. Eine Alternative wäre, sich geistig dadurch zu üben, daß man den Inhalt analysiert, feststellt, was einem »verkauft« werden soll, und so weiter. Wenn wir daran arbeiten, unsere körperlichen, geistigen, emotionalen Aspekte zu entwickeln und auszubalancieren, kommt es zum Teil darauf an, Wege zu finden, die augenblickliche Situation, wie sie auch immer aussehen mag, auf diese Weise in unserem Interesse zu nutzen. Wie können wir unseren Rahmen gebrauchen, so daß er unsere Entwicklung fördert anstatt sie zu behindern?

Es ist wichtig für uns, die Beziehung zwischen unseren Sinnesempfindungen, unserem Fühlen und unserem Denken zu untersuchen und uns zu fragen, ob sie innerhalb unserer Persönlichkeit gut zusammenarbeiten. Auftauchende Probleme können wir als Gelegenheit sehen, mehr darüber zu erfahren, was in tieferen Schichten vorgeht, was hinter dem Problem steht. Sie verschaffen uns die Möglichkeit, auf dieser Ebene zu arbeiten. Und – das muß hervorgehoben werden – wir streben in der Psychosynthese nie danach, irgendeine Funktion auf das niedrigere Niveau einer anderen zu bringen. Wir arbeiten im Gegenteil stets an der schwächer ausgebildeten Funktion, um sie auf das höhere Niveau einer anderen anzuheben. Ist zum Beispiel das Gefühlsleben gut entwickelt und das Denken weniger, so muß die Arbeit darin bestehen, die Denkfähigkeit auf das höhere Niveau zu bringen. Die Arbeit an der stärker entwickelten Funktion dagegen hat deren Verfeinerung zum Ziel. Wir können erst dann ein echtes Empfinden dafür entwickeln, wer wir sind, wenn wir ganz »da« sind!

Die meisten Menschen neigen dazu, entweder ihr Denken oder ihre Emotionen zu betonen, und können so als entweder geistig oder emotional identifiziert bezeichnet werden. Eine solche Identifikation ist nützlich, denn sie gestattet uns, in eine Wechselbeziehung mit unserer Umwelt zu treten. Menschen, die sich vorwiegend mit ihrem Denken identifizieren, die also geistig identifiziert sind, müssen lernen, ihre Gefühle besser zu erkennen, zu erfahren und zum Ausdruck zu bringen. Sie sollen nicht danach streben, ihre geistige Erkenntnisfähigkeit herabzusetzen. So wird Ausgewogenheit durch Wachstum und Einbeziehung erreicht, anstatt durch Minderung und Ausgrenzung, was beides unnötig und ineffizient wäre.

Die Psychosynthese macht Gebrauch von verschiedenen Techniken, die uns helfen sollen, diese tiefere Ebene des Verstehens zu erreichen. Eine dieser Techniken ist die »Zeitaufteilung«, was beinhaltet, daß allen Funktionen Raum gewährt wird, sich in unserem täglichen Leben auszudrücken. Geben wir zum Beispiel einem zornigen, emotionalen Teil von uns Gelegenheit, sich zu artikulieren, so wird er sich nicht zu ungelegener Zeit vordrängen, sondern mehr Bereitschaft zeigen, die Zeit mit anderen Anteilen unserer Persönlichkeit zu teilen.

Eine weitere sinnvolle Technik, die wir bereits im letzten Kapitel erwähnt haben, ist der »innere Dialog«. Hierunter ist zu verstehen, daß verschiedene Funktionen miteinander kommunizieren, um zu erkennen, was die anderen zu sagen haben, was ihre Bedürfnisse sind und was sie zu geben haben. Wann immer ein Konflikt entsteht, können wir herausfinden, was gebraucht wird, indem wir alle Beteiligten zu Wort kommen lassen und anhören.

Disidentifikation

Durch die Selbstidentifikation, die Erfahrung, ein Ich zu haben, unterscheidet sich unser menschliches Bewußtsein von dem der meisten Lebewesen auf unserem Planeten. Soweit wir wissen, haben andere Geschöpfe kein Selbst-Bewußtsein. Ein Hund scheint nicht den Gedanken zu haben: »Ich bin ich, eine Entität für sich, die sich von allem und allen anderen unterscheidet.« Für gewöhnlich erfahren auch wir keine Selbstbewußtheit in diesem Sinne. Meist wird sie nicht in reiner Form erfahren, sondern vermischt und überdeckt von unseren Bewußtseinsinhalten, das heißt von all dem, was wir in dem gegebenen Augenblick wahrnehmen, fühlen und denken.

In der Psychosynthese sehen wir dieses gesonderte, einzigartige Ich als den einfachsten Baustein, als eine Einheit unseres gesamten Wesens. Es ist unser Kern. Das Ich, in dieser Weise gesehen, existiert völlig getrennt von allem sonstigen, was unser Sein ausmacht – unserem Körper, unseren Gefühlen, Gedanken, Wünschen, all unseren Subpersönlichkeiten, den verschiedenen Rollen, die wir spielen, und so weiter. Durch diese seine gesonderte Existenz ist es ein Ort des Einsseins, der individuellen Ganzheit, von wo aus wir all diese anderen Elemente, die uns zu dem machen, was wir sind, gebrauchen und lenken können.

Und im Gegensatz zu diesen wandelt sich das Ich niemals, sondern bleibt der einzige statische, unveränderliche, immer gegenwärtige Teil unserer selbst. Im einen Augenblick kann ich Vater sein, im andern Liebhaber, jetzt kann ich fühlen und ein wenig später denken – doch ich bleibe stets ich.

Das Ich macht uns zu dem, was wir sind, losgelöst nicht nur von all unseren Bewußtseinsinhalten, sondern auch von allen und allem anderen. Als Ich machen wir unsere eigene, individuelle Erfahrung. Selbstverständlich könnte sich zum Beispiel eine Frau als Sportlerin sehen. Sie könnte sich mit dieser Rolle so sehr identifizieren, daß sie sie nicht mehr als Rolle erkennt, sondern sie für ihre wahre Identität hält. Ebenso könnte sich jemand so sehr mit seinen Gefühlen identifizieren, daß er seine sonstigen Funktionen aus den Augen verliert. Das erklärt den hohen Wert der Fähigkeit, sich von allen Funktionen und Rollen zu disidentifizieren und zum wahren zentralen Kern zu finden. Dieses Ich hängt an nichts, sondern ist in sich zentriert und ganz. Fragen wir uns von dort aus, wer wir sind, so lautet die Antwort nicht ein Sportler, eine Mutter, ein Bankangestellter, ein zorniger Mensch, ein Denker, ein Schauspieler, ein Narr oder was auch immer, sondern ganz einfach: Ich bin ich.

Sich zu identifizieren, ist vergleichbar mit einem Traumzustand, in dem wir, ohne uns dessen gewahr zu werden, von einer Identität zur anderen übergehen. Einige östliche Philosophien vergleichen die »Realität« unseres Wachzustandes mit einem solchen Traum. Wir erkennen nicht, daß wir ein bestimmtes Gefühl haben, wir werden zu diesem Gefühl. Traurigkeit ist dann nicht ein Gefühl, das wir haben, sondern wir werden zu Traurigkeit. Eine solche Identifikation, ein solches Verhaftetsein schränkt unsere Wahrnehmungsfähigkeit ein. Gelingt es uns, aus diesem einengenden Traum zu erwachen und uns mit unserem Ich zu identifizieren, können wir zu einer neuen, lebendigen Bewußtheit finden.

Für gewöhnlich hängen wir an unseren Bewußtseinsinhalten, wir identifizieren uns mit ihnen. Bevor wir Selbstbewußtheit zu einer Erfahrungstatsache in unserem Leben machen können, müssen wir uns von allem disidentifizieren, was uns ausfüllt, was unseren Bewußtseinsinhalt bestimmt. Wir müssen wahrhaft leer werden. Dann werden wir entdecken, daß etwas bleibt – das Ich-Gefühl, das Gefühl des personalen Selbst, das Gefühl, einfach zu sein. Durch bewußte, gewollte Disidentifikation von unserer Persönlichkeit und Identifikation mit dem Ich, gewinnen wir die Fähigkeit, den jeweiligen Umständen entsprechend frei zu entscheiden, mit welchen Aspekten unserer Persönlichkeit wir uns identifizieren und von welchen wir uns disidentifizieren wollen. So können wir lernen, unsere gesamte Persönlichkeit zu meistern und in eine umfassende und harmonische Synthese einzubringen.

Es fällt uns oft schwer, uns von unseren Gedanken zu disidentifizieren. Wir erbauen unsere Welt aus unseren Gedanken über die Welt, und so können wir das Gefühl haben, daß es schwierig und gefährlich wäre, das Denken einzustellen. Könnte dann nicht unsere Welt einstürzen und uns in einem unstrukturierten und undifferenzierten Zustand zurücklassen? In Wirklichkeit werden wir mit unserem Ich zurückbleiben und zu einer neuen Klarheit in unserem Leben finden, die wir vorher nie für möglich gehalten hätten. In der Tat werden wir feststellen, daß besondere und außergewöhnliche Aspekte unserer selbst an die Oberfläche gelangen können, wenn wir unseren inneren Dialog einstellen. Wir können in kreativerer Weise über unser Leben entscheiden und werden leichter Wege finden, diese Entscheidungen umzusetzen.

Haben wir uns disidentifiziert, können wir uns frei entscheiden, uns von neuem zu identifizieren. Genau das aber ist unser Ziel. Es ist nicht unsere Absicht, uns unserer Mittel des Ausdrucks und der Erfahrung zu berauben, nur möchten wir über sie bestimmen können, anstatt von ihnen bestimmt zu werden. Identifizieren wir uns auf diese Art von neuem mit unserem Denken, unserem Fühlen und unserem Körper, so ist es, als könnten wir ein ganz klein wenig von dieser neuen Bewußtheit unserer selbst mit einbringen. Wir haben nicht nur unser Ich, unser personales Selbst, entdeckt und sind besser imstande, uns von unseren Bewußtseinsinhalten zu lösen, sondern wir können auch unser Sein und Tun in dieser Welt effektiver in einer positiven, das Leben intensivierenden Weise steuern.

Aus dieser neuen Perspektive können wir wirklich sagen: »Ich bin einfach ich selbst. Ich habe einen Körper und ich habe Gefühle und Gedanken, um die Welt zu erfahren und mich in ihr auszudrücken.« Wir werden feststellen, daß wir aus dieser neuen Kraft heraus im allgemeinen glücklicher sind und bessere Beziehungen zu unseren Mitmenschen unterhalten können. Darüber hinaus haben wir auch sozusagen einen »sicheren Anker« gefunden, der es uns leichter macht, unser tieferes Unbewußtes zu erforschen und einen Teil der Blockaden, Komplexe, Obsessionen und sonstige, das Leben einschränkende Facetten unseres Seins zu erkennen. Auch haben wir durch diese Arbeit an uns mehr Raum geschaffen für das Einströmen transpersonaler Energien in unsere Persönlichkeit. Wir sind besser imstande, höhere Qualitäten wie Schönheit, Vertrauen, Freude und Wahrheit zu manifestieren.

Die Vorteile einer Disidentifikation und anschließenden Neuidentifikation mit dem Ich können nicht überbetont werden. Im letzten Kapitel sind Sie bereits mit dem vielleicht einfachsten Weg der Disidentifikation von verschiedenen Rollen vertraut gemacht worden. Dadurch, daß wir Subpersönlichkeiten erkennen und benennen, gewinnen wir Abstand von den Rollen, die wir spielen. Können wir zum Beispiel erkennen, daß ein Teil von uns »eine Tochter« ist, so wird uns klar, daß wir nicht auschließlich eine Tochter sind. Dies gilt für all unsere Subpersönlichkeiten, welches auch immer ihre Rolle sein mag.

Es ist vielleicht schwieriger, sich unmittelbar von den Funktionen des Denkens, Fühlens und Empfindens zu disidentifizieren, doch ist auch das möglich. Wir erreichen es hauptsächlich durch eine Form der Introspektion, die uns zum »Beobachter« unseres Lebens macht. Wir können alles, was uns geschieht, als etwas von uns Getrenntes sehen. Sind wir zum Beispiel aufgebracht, so können wir zurücktreten, zum Beobachter werden und uns unseren Ärger ansehen. Dann wird uns deutlich, daß wir nicht dieser Ärger sind, sondern daß er vielmehr etwas ist, was wir haben. Wir erwachen aus einem Traum und sehen uns von einem höheren Standpunkt aus. Vielleicht werden wir unseren Ärger unter den gegebenen Umständen gerechtfertigt finden, vielleicht auch nicht, doch in jedem Fall werden wir ihm nicht ausgeliefert sein, sondern die Oberhand behalten.

Den wichtigsten Beitrag zu unserer Selbstidentifikation können wir, wie eben beschrieben, in verschiedenen Lebenslagen leisten, wenn wir uns von einem Punkt außerhalb unserer selbst beobachten. Tun wir dies oft genug, so fangen wir an, hinter allem, was mit uns geschieht, das Ich als Kontinuum zu erkennen. Es ist immer nützlich, Bindeglieder mit unserem Ich zu schaffen und die Verbindung zu stärken, um diesen natürlichen Prozeß zu unterstützen. Die folgende Übung ist die wichtigste in diesem Buch. Sie nimmt einen zentralen Platz in der Psychosynthesearbeit ein.

Übung: Selbstidentifikation

Diese Übung soll uns helfen, uns auf die Ich-Bewußtheit zuzubewegen und sie zu verwirklichen. Die Übung, als »Selbstidentifikation« bezeichnet, sollte mit größter Sorgfalt durchgeführt werden. Fühlen Sie sich auch nur ein bißchen müde, dann unterbrechen Sie hier und lesen erst weiter, wenn Sie wenigstens eine Ruhepause eingelegt haben. Sie sollten sich frisch fühlen, wenn Sie diese Übung zum ersten Mal ausprobieren. Sie werden dann mehr von ihr haben.

Entspannen Sie sich so gut Sie nur irgend können. Sie müssen sich behaglich aber wach fühlen. Atmen Sie ein paarmal tief und lösen Sie sich von allen Spannungen des Tages.

Befolgen Sie die nachstehenden Anweisungen langsam und sorgfältig.

Sagen Sie sich eindringlich:

»Ich habe einen Körper, doch ich bin nicht mein Körper. Der Gesundheitszustand meines Körpers kann unterschiedlich sein, und mein Körper kann ausgeruht oder müde sein, doch hat dies nichts mit mir selbst zu tun, mit meinem eigentlichen Ich. Ich schätze meinen Körper als wertvolles Mittel der Erfahrung und des Wirkens in dieser Welt, doch ist er nur Werkzeug. Ich sorge gut für ihn und versuche, ihn bei guter Gesundheit zu erhalten, doch er ist nicht mein Ich. Ich habe einen Körper, doch ich bin nicht mein Körper.«

Schließen Sie die Augen, denken Sie nochmals daran, was diese Affirmation aussagt. Dann konzentrieren Sie sich auf die zentrale Aussage: »Ich habe einen Körper, doch ich bin nicht mein Körper.«

Versuchen Sie, dies als Erfahrungstatsache in Ihr Bewußtsein aufzunehmen.

Nun sagen Sie sich eindringlich:

»Ich habe Gefühle, doch ich bin nicht meine Gefühle. Meine Emotionen sind vielfältig, wechselnd und manchmal widersprüchlich. Sie können von Liebe zu Haß umschlagen, von Gelassenheit zu Zorn, von Freude zu Kummer, doch meine Substanz – mein wahres Wesen – ändert sich nicht. Ich bleibe. Auch wenn eine Welle des Ärgers mich zeitweise überfluten mag, weiß ich, daß sie zu gegebener Zeit abebben wird. Daher bin ich nicht dieser Ärger. Da es mir möglich ist, meine Gefühle zu beobachten und zu verstehen, und ich allmählich lernen kann, sie zu steuern, zu gebrauchen und harmonisch zu integrieren, ist es deutlich, daß sie nicht ich selbst sind. Ich habe Gefühle, doch ich bin nicht meine Gefühle.«

Schließen Sie die Augen, denken Sie nochmals daran, was diese Affirmation aussagt. Dann konzentrieren Sie sich auf die zentrale Aussage: »Ich habe Gefühle, doch ich bin nicht meine Gefühle.«

Versuchen Sie, dies als Erfahrungstatsache in Ihr Bewußtsein aufzunehmen.

Dann sagen Sie sich eindringlich:

»Ich habe einen Verstand, doch ich bin nicht mein Verstand. Mein Verstand ist ein wertvolles Instrument der Erkenntnis und des Ausdrucks, doch ist er nicht die Essenz meines Wesens. Sein Inhalt wandelt sich ständig, denn er assimiliert neue Ideen, neues Wissen und Erfahrung und stellt neue Verbindungen her. Manchmal scheinen sich meine Gedanken selbständig zu machen, und wenn ich versuche, sie unter Kontrolle zu bringen, scheinen sie den Gehorsam zu verweigern. Mein Denken kann daher nicht mein Ich sein. Mein Verstand ist ein Organ der Erkenntnis und des Wissens für die innere wie für die äußere Welt, doch er ist nicht mein Ich. Ich habe einen Verstand, doch ich bin nicht mein Verstand.«

Schließen Sie die Augen, denken Sie nochmals daran, was diese Affirmation aussagt. Dann konzentrieren Sie sich auf die zentrale Aussage: »Ich habe einen Verstand, doch ich bin nicht mein Verstand.«

Versuchen Sie, dies als Erfahrungstatsache in Ihr Bewußtsein aufzunehmen.

Die nächste Phase ist die der Identifikation. Sagen Sie sich klar, langsam und eindringlich:

»Nach dieser Disidentifikation meiner selbst, meines Ich, von meinem Körper, meinen Gefühlen und meinem Denken, erkenne und erkläre ich, daß ich ein Zentrum reiner Selbstbewußtheit bin. Ich bin ein Willenszentrum, fähig, all meine psychischen Prozesse und meinen physischen Körper zu beobachten, zu steuern und zu gebrauchen.«

Konzentrieren Sie Ihre Aufmerksamkeit auf die zentrale Erkenntnis:

»Ich bin ein Zentrum der reinen Selbstbewußtheit und des Willens.«

Vergegenwärtigen Sie sich dies als Tatsache, die Sie selbst erfahren haben.

Wenn Sie diese Übung ein paarmal gemacht haben, können Sie zu einer stark verkürzten Form übergehen. Es kommt darauf an, sich an die vier zentralen Affirmationen zu halten, nämlich:

– Ich habe einen Körper und Sinnesempfindungen, doch ich bin nicht mein Körper und meine Sinnesempfindungen.
– Ich habe Gefühle und Emotionen, doch ich bin nicht meine Gefühle und Emotionen.
– Ich habe einen Verstand und Gedanken, doch ich bin nicht mein Verstand und meine Gedanken.

– Ich bin ich, ein Zentrum der reinen Selbstbewußtheit
und des Willens.

Eventuell müssen Sie diese Übung einige Male gemacht
haben, bevor Sie ganz mit ihr vertraut sind, doch dann
können Sie sie täglich aus dem Gedächtnis machen. Es ist
der Mühe wert. All die Einflüsse, die versuchen, Ihre Aufmerksamkeit zu fesseln, und verlangen, daß Sie sich mit
ihnen identifizieren, werden nicht mehr so viel Macht über
Sie haben.

Damit sie ihre Wirkung entfalten kann, sollte diese
Übung täglich durchgeführt werden, vorzugsweise während der ersten Stunden des Tages. Sie kann als ein zweites,
symbolisches, Aufwecken gesehen werden.

Spirituelles Wachstum und Meditation

Spirituell ist alles, was mit der Entfaltung und dem wahren Fortschritt der Menschheit zu tun hat ... Die verborgene Welt wird für uns alle so real, daß wir sehen lernen und beginnen, zu der Wirklichkeit eines umfassenden Lebens zu erwachen, an der wir teilhaben.

Roberto Assagioli

Es ist uns möglich, mit den Bereichen transpersonaler oder spiritueller Energien in Verbindung zu treten. Einer der vielen möglichen Wege ist die Meditation, auf die wir später in diesem Kapitel näher eingehen wollen. Zu den sonstigen Möglichkeiten zählen Tanz, Andacht, Konzentration, liebende Sexualität, ästhetische Begeisterung, Mitgefühl und Schock. Zahlreiche Techniken und Übungen wurden entwickelt, die uns helfen sollen, mit spirituellen Ebenen Kontakt aufzunehmen, und die Psychosynthese verwendet viele von ihnen.

Wir können nicht nur mit diesen spirituellen Energien in Verbindung treten, wir können sie auch in der Welt manifestieren. Man könnte argumentieren, daß es wenig Sinn hätte, mit spirituellen Ebenen in Kontakt zu kommen, wenn wir nicht die Absicht haben, ihre transformierenden Werte in uns selbst und in unserer Umwelt nutzbar zu machen. Diese Notwendigkeit, die transpersonalen Energien zu erden und zu manifestieren, wird von der Psychosynthese ausdrücklich hervorgehoben. Spiritueller Reichtum, gleichgültig welche Form er annehmen mag, gewinnt erst dann seine wirkliche Bedeutung, wenn er »in die Welt zurückgebracht wird«. Der Edelstein, der gefunden wird, ist wertlos, wenn sein Entdecker ihn nicht nach Hause bringt, um sein Strahlen mit anderen zu teilen.

Selbstverständlich genügt manchmal schon der Kontakt allein. Wir könnten zum Beispiel niedergeschlagen sein und keinen Sinn in unserem Leben sehen. Durch einen spirituellen Kontakt könnten wir dann die Entdeckung machen, daß da letzten Endes doch Hoffnung und Sinn ist. Oder es könnte ganz einfach genügen, zu wissen, daß es noch etwas, daß es mehr gibt als die irdische Realität. Doch selbst wenn die spirituellen Verbindungen, die wir herstellen, nur eine Wandlung in unserem Inneren zustandebringen, werden sie doch bessere menschliche Beziehungen bewirken. Wandeln wir uns als Individuen in der einen oder anderen Weise, so ist es unausweichlich, daß sich diese Transformation auch auf diejenigen auswirkt, mit denen wir in Kontakt kommen.

Treten wir in Verbindung mit transpersonalen Ebenen und manifestiert sich dies in uns, so sind wir besser befähigt, unserem »wahren Willen« zu folgen, unser Leben sinnvoller zu gestalten. Das »höhere« Selbst kann sich besser durch uns manifestieren, und so tragen wir im wahren Sinne zur Evolution bei. Unsere eigene Psychosynthese ist leichter zu verwirklichen, denn wir stehen in Einklang mit der Natur, anstatt sie zu bekämpfen. Und wir werden feststellen, daß unser Alltagsleben in wahrhaft dynamischem Sinne eine Bereicherung erfahren hat. Wir empfinden uns als vollständiger, bedeutsamer, glücklicher, und dadurch kann unsere Umgebung an unserem spirituellen Kontakt teilhaben.

Es kann geschehen, daß transpersonale oder spirituelle Energien vollkommen spontan »über uns hereinbrechen«. Wie uns die Psychosynthese hilft, mehr Verbindung mit transpersonalen Bereichen herzustellen, so macht sie sich auch zum Ziel, uns bei der Bewältigung dessen zu unterstützen, was geschieht, wenn spirituelle Energie auf spontanere Weise zutage tritt. Strömt eine solche Energie unerwartet auf uns ein, so kann dies eine sehr positive Erfahrung sein. Wir können entweder »Höhen« erleben, die uns verwandeln, oder aber ganz einfach eine stille »Gnade« empfinden, die unser Leben durchdringt. Manchmal jedoch kann es scheinen, als wäre ein solch unerwartetes Einströmen spiritueller Energien mehr, als die Persönlichkeit bewältigen kann. In einem solchen Falle »brennen wir durch«. Sind wir einigermaßen vorbereitet, können wir standhalten und Wege finden, Gebrauch von den Energien zu machen. Treffen sie uns jedoch unvorbereitet, können sie zu allerlei seltsamen Verzerrungen in unserem Verhalten führen. Wir können zum Beispiel buchstäblich glauben, wir seien »Gott« oder in irgendeiner Weise »erwählt«, oder wir können unser Ich unmäßig überbewerten. In extremen Fällen kann unser Verhalten sogar gefährlich für uns und andere werden. So haben verschiedene psychopathische Mörder ausgesagt, sie hätten irgendwelche »Stimmen gehört«. Es mag sein, daß in manchen Fällen der ursprüngliche Kontakt durchaus echt, die Persönlichkeit aber den Energien nicht gewachsen war, mit der Folge, daß es zu einer Verzerrung der Botschaft kam. Gerade dieser Gefahr wegen, auch wenn sie im allgemeinen in milder und ziemlich harmloser Form auftritt, wird in der Psychosynthese großer Wert auf die Arbeit an der Persönlichkeit gelegt. Je klarer unsere Persönlichkeit wird, desto besser kommen wir mit gewollt oder ungewollt einströmenden transpersonalen Energien zurecht und desto besser können wir sie konstruktiv nutzen.

Kontaktaufnahme mit spirituellen Bereichen

Haben wir einmal erkannt, welch großen Nutzen unser Kontakt mit transpersonalen Bereichen uns selbst und unserer Welt bringt, dann stellt sich die Frage, wie wir einen solchen Kontakt öfter und effektiver herstellen können. Wir müssen herausfinden, welche der vielen zur Verfügung stehenden Wege uns am meisten liegen, denn – wie man zu sagen pflegt – »Jedem das Seine«. (Man könnte auch sagen: »Eine andere Szene für andere Gene.«)

Im letzten Kapitel haben wir erfahren, wie wichtig die Selbstidentifikation ist. Die entsprechende Übung bietet uns die Möglichkeit, uns von unserer Persönlichkeit zu disidentifizieren und mit unserem Ich zu identifizieren. Diese Technik ist einer der effektivsten Wege, Verbindung mit spirituellen Bereichen aufzunehmen. Zunächst einmal weisen wir uns selbst den Weg zu unserem Zentrum, wenn wir uns in dieser Form lösen, was uns an sich schon für solche Energien öffnet. Zum anderen rufen wir unser individuelles, einzigartiges Ich auf den Plan. Kommen wir dem Stadium eines Zentrums der reinen Selbstbewußtheit und des Willens näher, dann dringen wir weiter in spirituelle Bereiche vor und werden dadurch besser befähigt, die spirituelle Energie in unsere Persönlichkeit und durch uns in unsere Welt einströmen zu lassen.

Es ist wichtig, zwischen dem Selbst und dem Überbewußten zu unterscheiden. Das Überbewußte ist ein Teilbereich des Unbewußten, wobei zu bemerken ist, daß die Unterteilung des Unbewußten im Grunde eine künstliche ist. Unsere Erfahrung lehrt uns, daß das Unbewußte in Wirklichkeit nicht in Teilbereiche unterteilt ist. Doch ist die im Ei-Diagramm vorgenommene Dreiteilung für den praktischen Gebrauch sehr hilfreich. »Überbewußtes« (oder »höheres Unbewußtes«) ist eine Beschreibung für den Teil unseres Unbewußten, der Energien höherer Frequenzen »enthält« als das tiefere Unbewußte. Damit soll nicht angedeutet werden, daß das eine »besser« ist als das andere, doch verhilft uns schon die Unterscheidung an sich zu einem besseren Verständnis.

Das Selbst dagegen ist unsere zentrale, wahre Natur, der innerste Kern, wo wir ganz und gar Individuum sind und gleichzeitig verbunden mit allen und allem anderen. Erlebt das Individuum dieses spirituelle Selbst, so vermittelt ihm diese Erfahrung ein Gefühl der Freiheit und der Erweiterung. Sie ist von großem Wert, denn sie bringt Zusammenhang, Erkenntnis und spirituelle Reife in sein Leben.

Das Selbst bleibt in seiner Substanz unverändert. Es ist »das, was bleibt, wenn alles andere vergangen ist«. Das Überbewußte hingegen wandelt sich ständig, denn ihm strömt Energie aus dem Selbst zu, während es seinerseits Energie an die Persönlichkeit abgibt. Vergleichen wir das Selbst mit der Sonne, so entspricht das Überbewußte den Sonnenstrahlen, die der Erde Leben spenden. Auch wenn jeder von uns die Sonne auf seine eigene individuelle Art erlebt, bleibt es doch in Wirklichkeit eine Sonne, die uns allen Licht gibt.

Vom Selbst werden dem Überbewußten ständig Werte vermittelt. Zu diesen »seelischen Werten« gehören Liebe, Wahrheit, Schönheit, Freude, Mut, Vertrauen, Begeisterung, Entzücken, Eintracht, Gelassenheit, Mitgefühl, Friede, Loyalität, Freiheit, Wagemut, Kraft, Einfachheit, Vitalität, Verständnis, Humor, Geduld, Hilfsbereitschaft, Staunen, Unvergänglichkeit und so weiter. Im Überbewußten bleiben diese Werte in ihrer »reinen Form« erhalten. Sie erfahren keinerlei Verzerrung. Auf ihrem Weg durch das mittlere Unbewußte und die Persönlichkeit dagegen werden sie verzerrt.

Sprechen wir in der Psychosynthese von einer »Verzerrung« der Werte, so verstehen wir darunter nicht, daß sie in irgendeiner Weise »vom rechten Weg abkommen« oder »schlecht« werden. Es ist ganz einfach so, daß unsere Persönlichkeit in ihrem Normalzustand diese Werte in Reinform weder erfahren noch ausdrücken kann. Wie oft haben wir reine, unvermischte Liebe, reines, unvermischtes Vertrauen gegeben oder empfangen? Vielleicht sind wir einer solchen Erfahrung in ihrer reinen Form nahegekommen, doch war da stets gleichzeitig noch etwas anderes am Werk. Wird ein solcher Wert noch stärker verzerrt, kann er »negative« Formen annehmen. So kann zum Beispiel Liebe zu Besitzanspruch oder Eifersucht entarten und Vertrauen zu furchtsamer oder sklavischer Unterwerfung.

Auf den ersten Blick mag es scheinen, daß eine derartige Verzerrung von Werten eine sehr negative Erfahrung ist. Die Psychosynthese lehrt uns jedoch, daß sie eine sehr positive Erfahrung ist. Können wir uns zum Beispiel in angemessener Weise mit unserem Besitzanspruch auseinandersetzen, wird er sich zu der zugrundeliegenden, reinen Form der Liebe wandeln. Zumindest aber werden die transformierenden Energien des zugrundeliegenden Wertes zutage treten.

Wir könnten zum Beispiel eine sehr aufsässige Subpersönlichkeit haben. Durch unsere Arbeit mit den Subpersönlichkeiten, Disidentifikation und verschiedene andere Techniken der Psychosynthese könnte diese zornige Subpersönlichkeit ein wenig wachsen und das Gefühl bekommen, daß ihre Bedürfnisse besser berücksichtigt werden. Damit wäre Raum geschaffen, so daß der zugrundeliegende Wert – in unserem Fall vielleicht »Wahrheit« – zutage treten kann. Durch das Sichtbarwerden dieser Wahrheit wird eine Transformation möglich, und die Subpersönlichkeit – und mit ihr der ganze Mensch – wird weiteres Wachstum erfahren. So bewirkt unsere Arbeit an der Psychosynthese unserer Persönlichkeit eine fortlaufende Wachstumsspirale, sobald der Prozeß einmal wirklich und deutlich in Gang gekommen ist. Wir werden diese Arbeit niemals ganz zu Ende führen können – zu unserem Glück, womit gemeint ist, daß wir ein unausschöpfliches Reservoir an Material zu unserer Verfügung haben, das wir transformieren können. Es ist dieser Prozeß, der uns die Möglichkeit gibt, unseren wahren schöpferischen Geist, unser Selbst, zu erden und manifest werden zu lassen.

Erdung

Unsere Versuche, transpersonale Energien oder Werte in unserer Welt zu manifestieren, bleiben wirkungslos, solange diese Energien oder Werte nicht durch unsere Persönlichkeit geerdet sind. Nichts kann ohne Verbindung zur Erde geschehen. Wir müssen eine deutliche Verbindung zu unseren transpersonalen Energien haben und effektive Wege finden, sie in unsere Welt zu bringen. Unsere Einsichten und Erkenntnisse können noch so glänzend und erleuchtend sein, sie werden nicht dazu beitragen, unseren eigenen, geschweige denn anderer Leute Pfad zu erhellen, wenn das Licht nicht ausgestrahlt wird.

Wenn wir den Unterschied zwischen Motivation und Absicht verstehen, können wir lernen, unsere Energien sehr viel wirkungsvoller zu erden. Eine Absicht erwächst im wesentlichen aus der Verbindung zu unserem Selbst, während Motivationen durch unsere Reaktion auf die Außenwelt zustandekommen und von unseren Subpersönlichkeiten »gewählt« werden. Motivation und Absicht können zwar ein und dasselbe sein oder zumindest in engem Zusammenhang stehen, doch für gewöhnlich ist das nicht der Fall.

Motivationen schließen im allgemeinen Alternativen aus, und sie sind es, die uns zu unausgewogenen, oft schlecht durchdachten Teilentscheidungen drängen. Sie sind ein Reagieren und oft genug ein Reagieren aus einer Opferhaltung heraus. Bei Absichten dagegen geht es mehr um die Befriedigung tieferer Bedürfnisse. Diese Bedürfnisse erheben weniger Anspruch auf Ausschließlichkeit; es geht hier mehr darum, unser Selbst, seinen wahren Willen und seine Ziele zu manifestieren. Bin ich motiviert, eine Banane zu essen, so werde ich nichts anderes wollen und ungehalten werden, wenn ich sie nicht bekomme. Kann ich dagegen besseren Zugang zu meinen inneren Bedürfnissen finden, werde ich vielleicht feststellen, daß ich eigentlich einfach ein Bedürfnis nach Obst habe. Dann kann ich ebensogut eine Orange essen und damit das Bedürfnis befriedigen.

Doch ob wir nun die fundamentalsten Absichten des Selbst verwirklichen oder dem einfachsten Wunsch beziehungsweise der Motivation einer Subpersönlichkeit nachkommen wollen, wir brauchen dafür einen bestimmten Plan. Dieser Plan wird uns sagen, wie wir es anstellen müssen, unseren Wunsch zu manifestieren oder zu erden. Er kann beinhalten, daß wir viel Willenskraft aufbringen oder auch, daß wir locker sein und das, was ist, akzeptieren müssen. Es kann erforderlich sein, daß wir aufrichtig sein oder auch, daß wir uns zunächst mit Emotionen auseinandersetzen müssen, ehe er erfüllt werden kann. Haben wir die vorbereitende Arbeit erledigt, so sind wir in der Lage, unsere transpersonalen Energien zu erden.

Es gibt verschiedene einfache Möglichkeiten, Energien zu erden, zum Beispiel:
- der Erfahrung einfach Ausdruck verleihen,
- Schreiben und/oder Zeichnen,
- abendliche Bestandsaufnahme, wobei man den vergangenen Tag noch einmal durchgeht, um die eigenen Verhaltensweisen zu betrachten. Diese Übung soll nicht wertend sein. Ihr Zweck ist, daß wir lernen, besser zu

funktionieren, indem wir unser gewohntes Verhalten erkennen.

- Meditation, und zwar über das Objekt unseres Wollens selbst oder ein zu schaffendes stellvertretendes Symbol.
- Zuhilfenahme von Karten, auf denen der Wunsch in einprägsamen Worten oder Symbolen ausgedrückt wird. Sie werden in der Wohnung verteilt, und zwar an Stellen, wo wir sie oft zu Gesicht bekommen. So sind wir ihnen ständig ausgesetzt, was sich – wie bei der kommerziellen Werbung – auf das Unbewußte auswirkt.
- Freies oder automatisches Zeichnen,
- Schaffung eines Mantras, das wir ständig wiederholen,
- besondere Handlungen, die wir ausführen, zum Beispiel das Aufsuchen von schönen Orten,
- Wahl eines Gegenstands, der Geschehenes repräsentiert.

Die wirkungsvollsten Möglichkeiten, Energien zu erden, ergeben sich aus unseren Lebenssituationen. Wenn Sie zum Beispiel niemals gefischt haben, hat es wenig Sinn, wenn Sie Ihr Bedürfnis nach Fisch dadurch erden, daß Sie fischen gehen. Sie würden wohl besser daran tun, Ihrer Lebenssituation und -erfahrung Rechnung zu tragen und in ein Fischgeschäft am Ort zu gehen!

Ein großes Hindernis für die Erdung von Energien ist Furcht. Sie kann auftreten als Furcht vor Verantwortung, vor Persönlichkeitsverlust, vor Machtlosigkeit, vor einem Bruch in unserem Leben, vor Einsamkeit, vor Unzulänglichkeit. Wir können fürchten, zum Opfer zu werden, und wir können fürchten, zurückgewiesen zu werden. Selbst den Erfolg können wir fürchten! Was immer sich uns in den Weg stellt und uns daran hindert zu tun, was wir tun wollen, der beste Weg, sich damit auseinanderzusetzen, besteht darin, durch Selbstidentifikation Verbindung zu unserem eigentlichen Wesen zu suchen. Daneben müssen wir den festen Willen haben, uns mit Hilfe der Psychosynthese und vergleichbarer Methoden über die Hindernisse hinweg zu unserem Ziel vorzuarbeiten. Meditation kann hier besonders gute Dienste leisten, weil sie uns hilft, uns zu konzentrieren und uns mit unserem innersten Wesen in Kontakt zu bringen, und weil sie uns bei der Suche nach Mitteln des Ausdrucks für unsere inneren Wahrheiten unterstützt.

Meditation

Für das Wort »Mediation« werden viele verschiedene Bedeutungen angegeben, und es gibt viele verschiedene Arten der Meditation und der meditativen Techniken. Auf einfachstem Niveau meditieren wir bereits, wenn wir uns auf etwas – auf irgend etwas – konzentrieren. Je mehr wir unsere Gedanken, Gefühle und Empfindungen disziplinieren, so daß sie sich nicht in unsere Konzentration hineindrängen können, desto tiefer wird unser meditativer Zustand. Viele spirituelle Disziplinen messen dahingehenden Bemühungen größte Bedeutung bei.

Viele haben die Vorstellung, daß Meditation in erster Linie eine abstrakte Angelegenheit ist, bei der man sich nach innen wendet und irgendwie die »nomale Welt« transzendiert. In der Tat erfordert Meditation Konzentration, Reflexion, Verstehen, Empfänglichkeit und anderes mehr. Zur Meditation gehört jedoch auch, daß man Wege findet, die inneren Verbindungen nach außen zum Ausdruck zu bringen, und so ist sie auch eine sehr aktive und nach außen gerichtete Technik. Meditation könnte definiert werden als bewußter und willentlicher Einsatz innerer Kräfte und Energien für einen bestimmten Zweck.

Da es Voraussetzung für die meisten Arten von Meditation ist, daß wir zur Ruhe kommen können, besteht bei der Meditation die erste Handlung darin, dies zu erreichen. So können wir unter anderem unsere Atmung verlangsamen, in einer bestimmten Haltung sitzen oder eine beruhigende Szene visualisieren. Wir müssen unsere Aufmerksamkeit verlagern, sie von ihrer normalen Orientierung nach außen weg zur Stille unserer inneren Welt hinwenden. Zu diesem Zweck können wir uns körperlich entspannen, uns in einen Zustand emotionaler Ruhe versetzen und unsere Gedanken entweder zum Stillstand bringen oder sie auf einen Punkt konzentrieren. Zum Glück ist es jedoch auch dann möglich zu meditieren, wenn diese unsere Vorübungen kein voller Erfolg waren. Das Geheimnis liegt darin, sich so gut wie irgend möglich zu zentrieren (eventuell mit Hilfe der Selbstidentifikationsübung) und einfach darauf zu vertrauen, daß unser Selbst in seiner Weisheit die Verbindung herstellen wird, die wir brauchen.

Die Psychosynthese verwendet eine Form der Meditation, die als rezeptive Meditation bezeichnet wird. Um wirklich aufnahmebereit zu sein, müssen wir jedoch unseren Geist frei machen von allen Gedanken über den Gegenstand unserer Meditation. Dies wird in der Psychosynthese erreicht durch einen Prozeß, der reflektive Meditation genannt und für gewöhnlich der rezeptiven Meditation vorangestellt wird. Es würde wenig Sinn ergeben, wenn wir Verbindung mit spirituellen Bereichen herstellen würden, ohne unsere neue Energie, unsere neuen Kontakte, unsere neuen Einsichten in die irdische, materielle Welt einzubringen. Um Möglichkeiten hierfür aufzuzeigen, macht die Psychosynthese Gebrauch von der Technik der kreativen Meditation.

Selbstverständlich verwendet die Psychosynthese zuweilen daneben auch viele andere Formen der Meditation, wie zum Beispiel Kontemplation, stille Meditation, aktive Meditation oder Konzentration auf einen Punkt. Denken wir jedoch an Meditation im Zusammenhang mit der Psychosynthese, so fällt uns für gewöhnlich spontan diese

Dreiergruppe der reflektiven, rezeptiven und kreativen Meditation ein.

Im Zusammenhang ausgeführt, bieten reflektive, rezeptive und kreative Meditation vielen Ebenen unseres Seins Gelegenheit, aktiv an unserer Meditation teilzunehmen. Jede dieser drei Arten der Meditation kann auch für sich allein verwendet werden, und in vielen Fällen ist genau dies sogar zweckmäßig. Kombiniert jedoch ermöglichen sie uns eine sehr vollständige Art der Meditation, die nicht nur eine Verbindung zu unserem innersten Wesen herstellt, sondern uns darüber hinaus hilft, diese Verbindung zum Ausdruck zu bringen. Sowohl die reflektive als auch die rezeptive Meditation unterstützen eine Erweiterung der spirituellen Bewußtheit und vertiefen damit unser Vermögen, uns selbst und unseren Mitmenschen zu dienen. In der Tat ist jede Meditation eine Form des Dienstes am Menschen, heben wir doch das allgemeine Niveau der Erkenntnis im kollektiven Bewußtsein der menschlichen Gattung an, wenn wir innere Verbindungen herstellen und sie nach außen zum Ausdruck bringen.

Die folgende Übung zeigt, wie die drei Formen der Meditation ausgeführt und verbunden und die daraus resultierenden Einsichten geerdet werden. Sie kann leicht an jeden gewünschten Gegenstand der Meditation angepaßt werden. Auch können wir sie so abwandeln, daß wir verschiedene Methoden der Meditation erhalten.

Meditationsübung

Die erste Voraussetzung für die Meditation – wie für die meisten Übungen in diesem Buch – ist, daß wir in der Lage sind, uns zu entspannen. Am besten finden Sie selbst heraus, nach welcher Methode Sie sich am besten entspannen und zentrieren können. Wahrscheinlich möchten Sie gern einen möglichst ruhigen Platz aufsuchen. Wählen Sie eine sitzende Haltung, entweder auf dem Fußboden oder auf einem Stuhl. Sie sollten aufrecht, aber locker sitzen. Ihre Wirbelsäule sollte gerade, doch nicht erzwungen gerade sein, und Ihre Füße sollten flach auf dem Boden stehen. Vielleicht legen Sie Ihre Hände locker gefaltet auf den Schoß und schließen die Augen. Bevor Sie mit der Meditation beginnen, atmen Sie ein paarmal tief und beschließen bewußt, Ihren ganzen Körper zur Ruhe zu bringen. Indem Sie sich zentrieren, machen Sie Ihr Bewußtsein möglichst leer von allen Gedanken, Emotionen, Wünschen, Plänen, Phantasien und dergleichen.

Reflektive Meditation

Die reflektive Meditation könnte man als »gelenktes Denken« bezeichnen. Als Thema für diese Übung wollen wir »Frieden« wählen, doch Sie können ebensogut jedes andere verwenden, das Ihrem Entwicklungsprozeß entgegenkommt.

Nehmen Sie ein Blatt Papier, ziehen Sie in seiner Mitte einen Kreis und schreiben Sie in diesen Kreis das Wort »Frieden«. Das sieht dann so aus:

Nun denken Sie ganz einfach über dieses Thema nach. Schreiben Sie alle Wörter, Bilder, Gedanken etc., die Ihnen kommen, während Sie sich so gut wie möglich auf den Gegenstand konzentrieren, an das Ende von Strahlen, die

Sie um Ihren Kreis zeichnen. Dabei kann dann so etwas wie das folgende Diagramm herauskommen. Doch denken Sie daran, Sie müssen Ihre eigenen Gedankenverbindungen aufzeichnen und nicht einfach die folgenden kopieren.

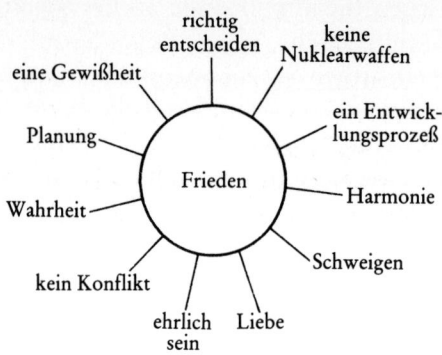

Wenn Sie das Gefühl haben, daß Ihnen keine weiteren Gedanken zu »Frieden« mehr kommen, bleiben Sie noch mindestens fünf weitere Minuten beim Thema. Das gibt Ihnen die Möglichkeit, tiefer zu schürfen, als Sie es vielleicht normalerweise tun würden, und in tiefere Bereiche vorzudringen. Durch diese Art der Reflexion wird Ihr Wissen um den Gegenstand erweitert.

Rezeptive Meditation

Bei der rezeptiven Meditation stimmen Sie sich auf Ihr Unbewußtes ein und erhalten Intuitionen, Inspirationen, Botschaften, Energien und Stimuli zu dem gewählten Gegenstand Ihrer Meditation. Die wichtigste Voraussetzung ist Stille. Ohne Stille können Sie nicht hören, was Ihre innere Welt zu sagen hat.

Wählen Sie für Ihre rezeptive Meditation einen Ort, an

dem es um Sie her so ruhig wie möglich ist, und bringen Sie auch Ihr Inneres zur Ruhe, so gut Sie können. Halten Sie den Begriff »Frieden« in Ihrem Bewußtsein fest und versuchen Sie, an nichts anderes zu denken. Konzentrieren Sie sich auf Ihre Entschlossenheit, alle nicht zum Thema gehörenden Gedanken, Gefühle und Empfindungen auszuschließen. Sie sollten ganz einfach nur sein.

Tun Sie gar nichts, warten Sie einfach ab, was Ihnen zufließt. Meditieren Sie mindestens fünfzehn Minuten lang auf diese rezeptive Weise.

Bevor Sie fortfahren, notieren Sie alles, was Ihnen während dieser Meditation in den Sinn gekommen ist.

Kreative Meditation

Nun überlegen Sie, was Sie aus Ihrer reflektiven und rezeptiven Meditation über das Thema »Frieden« gelernt haben, und denken Sie insbesondere darüber nach, wie Sie dieses Wissen und Verstehen aktiv umsetzen könnten. Versuchen Sie herauszufinden, welcher der Gedanken, die Ihnen gekommen sind, für Ihr Leben im Augenblick am relevantesten ist. Dann wählen Sie einen Punkt, den Sie gerne praktisch umsetzen wollen.

Denken Sie nur über dieses eine Konzept nach. Suchen Sie nach Möglichkeiten zu handeln. Denken Sie dabei präzise und praktisch. Haben Sie sich zum Beispiel entschieden, »liebevoller zu sein«, um auf diese Weise mehr Frieden in die Welt zu bringen, so suchen Sie nach Wegen, dies aktiv und praktisch zu verwirklichen. Sie können den Wunsch haben, jemandem ganz direkt Ihre Liebe zu zeigen, oder Sie können ganz einfach etwas für andere tun wollen, wovon Sie wissen, daß es ihnen Freude machen wird. Auch die einfachsten Handlungen können, mit der richtigen Absicht ausgeführt, große Wirkung haben.

ZIELSETZUNG UND KREATIVITÄT
DES WILLENS

Da das Ergebnis erfolgreichen Wollens die Befriedigung
der Bedürfnisse ist, erkennen wir, daß der Willensakt im
wesentlichen ein freudiger ist. Und die Erkenntnis, ... ein
Selbst zu sein... gibt uns ein Gefühl der Freiheit, der
Macht, der Herrschaft, das ganz und gar freudig ist.

Roberto Assagioli

Jede Wahl, jede Entscheidung, die wir treffen, ist ein Akt
des Willens. Es kann sein, daß wir uns nicht einmal gewahr
werden, daß wir gewählt haben, daß wir uns sogar als
Opfer fühlen, ohne die geringste Möglichkeit zu wählen.
Doch ohne zu wählen, ohne Entscheidungen zu treffen,
können wir weder bleiben, wo wir sind, noch uns in irgendeine Richtung weiterbewegen. Wir können weder
aufhören, das zu tun, was wir im Augenblick tun, noch
damit fortfahren. Unsere Willenskraft ist die dynamische
Energie, die uns in diese Welt bringt. Treten wir bewußt in
Kontakt mit dieser Energie, so wird sie uns befähigen, zu
sein, zu tun und zu werden, was immer wir uns wünschen.

Wir haben vielerlei innere Kräfte in uns, und durch
richtigen Gebrauch dieser Kräfte werden wir fähig, sowohl
für unser eigenes Wohlergehen als auch für unsere Umwelt
die besten Entscheidungen zu treffen. Wir können jedoch
nur in dieser Weise wählen und entscheiden, wenn wir
diese inneren Kräfte bewußt und wohlausgewogen entwickeln. Die Entdeckung unseres Willens und seine Schulung ist die Grundlage dieser Arbeit, die wir durch unmittelbare Erfahrung am besten bewältigen können. Um den
Vergleich mit einem Auto zu ziehen, das erste, was wir

lernen sollten, ist, daß ein Motor vorhanden ist, mit dessen Hilfe wir das Auto in Bewegung setzen können, wenn wir dies wollen. Dann sollten wir herausfinden, wie wir diesen Motor gebrauchen müssen, um jederzeit in die für uns günstigste Richtung fahren zu können.

Natürlich weicht unsere wirkliche Erfahrung meist stark von diesem Bild ab. Selbst wenn wir erkennen, daß wir ein »Auto« besitzen, haben wir sicherlich nicht das Gefühl, auf dem Fahrersitz zu sitzen! Wir treiben und wursteln so dahin, als wären wir Opfer unserer Lebensumstände. Wir sehen uns als Opfer des Wo und Wer wir sind, als Opfer von Armut oder Depressionen, als Opfer unseres Versagens oder vielleicht sogar unseres Erfolgs! Wir sind Opfer anderer Menschen, die uns zu dem gemacht haben, was wir sind, oder uns daran hindern, zu tun, was wir gerne tun würden. Von Kindheit an haben wir von unseren Eltern, unseren Lehrern und anderen »Um-unser-Wohl-Besorgten« zu hören bekommen, daß wir im Leben der »Realität« ins Auge sehen müssen. Aus der Botschaft, daß wir nicht alles haben können, was wir wollen, wird nur zu leicht die Botschaft, daß wir nichts von dem haben können, was wir wollen.

Bittet uns jemand, etwas zu tun, so lauten die beiden offensichtlich möglichen Antworten »ja« und »nein«. Doch für gewöhnlich steht uns auch eine dritte offen – nämlich »jetzt nicht«. Wir brauchen uns nicht auf »ja« oder »nein« zu beschränken, wenn »jetzt nicht« angemessener ist. Manchmal ist es richtig, unmittelbar zu antworten. Die anstehende Frage macht eine rasche Antwort nötig, oder es ist offensichtlich, wie die Entscheidung lauten muß. Häufig jedoch können wir uns Zeit nehmen, die Sache zu erwägen, um besser zentriert und ausgewogener zu entscheiden. Je bewußter wir entscheiden, desto besser sind wir in der Lage zu beurteilen, welche Entscheidung für uns richtig ist.

In der Psychosynthese gehen wir davon aus, daß jeder Willensakt in sechs klar zu unterscheidenden Schritten abläuft, nämlich

– Erforschung: Wir finden heraus, was wir tun wollen.
– Erwägung: Wir bedenken alles, was wir irgendwann tun wollen, und wählen Handlungen aus, die in unserer augenblicklichen Situation relevant sind.
– Entscheidung: Wir entscheiden uns für die Handlung, die im Augenblick für uns am wichtigsten ist, und formulieren unsere Absicht klar.
– Bekräftigung: Wir behalten die getroffene Entscheidung vor Augen, indem wir immer wieder bestätigen, daß wir sie verwirklichen wollen.
– Planung: Wir denken über die Möglichkeiten nach, unseren Entschluß in die Tat umzusetzen.
– Ausführung: Wir handeln, suchen Wege, unseren Plan entweder in seiner Gesamtheit oder schrittweise auszuführen.

Jede Entscheidung, die wir treffen, umfaßt mehr oder weniger ausgeprägt diese sechs Schritte. Es kann vorkommen, daß wir in einem bestimmten Fall genau wissen, was wir wollen, und kaum abwägen müssen, so daß wir imstande sind, die erforderlichen Aktionen rasch zu planen und auszuführen, zum Beispiel, wenn es sich darum handelt, in ein nahegelegenes Geschäft zu gehen und etwas zu kaufen, was wir gerade brauchen. Ebenso kann es sein, daß wir nicht recht wissen, was wir wollen, endlos abwägen und nie wirklich zu einer Entscheidung kommen. Vielleicht wissen wir auch genau, was wir wollen, sind uns aber noch nicht im klaren darüber, wie die Planung und Ausführung der erforderlichen Schritte aussehen könnte. Es kann auch vorkommen, daß wir einen gut ausgearbeiteten Plan haben, die Ausführung aber nur zu einem bestimmten Zeitpunkt möglich ist. Entscheiden wir uns zum Beispiel für

Vollmond, so müssen wir den richtigen Abend und die richtige Uhrzeit abwarten.

Wenn unsere Willensakte auch stets diese sechs Schritte durchlaufen, geschieht dies doch selten linear. So kann sich zum Beispiel während der Planung zeigen, daß uns noch nicht so recht klar ist, ob wir die richtige Wahl getroffen haben, und daher ist eine nochmalige Erwägung erforderlich. Oft erweist es sich als notwendig, immer wieder zu unserer Entscheidung zurückzukehren, um sie aufs neue zu bestätigen. Es ist im allgemeinen eine gute Taktik, sich wieder und wieder der Bekräftigungsphase zuzuwenden, um sich auf die Entscheidung zu besinnen und sie zu bestärken, da dies förderlich für die Planung und Ausführung ist.

Wir müssen auch in Betracht ziehen, daß sich jede Entscheidung, die wir treffen, auf alles und jeden auswirkt. Beschließe ich, diese bestimmte Orange hier und jetzt zu essen, dann werden Sie sie weder jetzt noch irgendwann sonst essen können. Das mag nun nicht so schwerwiegend sein, gibt es doch schließlich noch viele andere Orangen. In anderen Fällen jedoch kann das Wissen um derartige Zusammenhänge sehr viel bedeutungsvoller sein. So kann jemand zum Beispiel beschließen, sein Wissen, daß bleifreies Benzin besser für die Umwelt ist, zu ignorieren. Er wird weiterhin bleihaltiges Benzin kaufen, mit dem Argument, daß das, was ein einzelner tut, wenig Unterschied macht. Damit wird er jedoch die Lage verschlimmern.

Wir müssen klare Entscheidungen treffen, und wir müssen sie mit dem Herzen treffen. Wir müssen uns ihrer globalen Auswirkungen bewußt sein und dürfen uns dennoch nicht von diesem Wissen handlungsunfähig machen lassen. Wir müssen versuchen, uns in den Lauf der Natur einzuordnen, so daß unsere Entscheidungen zur Bewußtseinsentwicklung auf unserem Planeten beitragen, anstatt sie zurückzuwerfen.

Stadien der Willensentwicklung

Obwohl der Prozeß in Wirklichkeit kontinuierlich ist, können wir die Entwicklung unseres Willens als in vier Phasen unterteilt erleben. Die erste könnte man als »Keinen-Willen-Haben« beschreiben. Es ist eine allgemeine menschliche Erfahrung, daß wir uns als Opfer von Kräften, Menschen und äußeren Umständen sehen. Wir alle haben häufig in unserem Leben ein Gefühl der Machtlosigkeit, der Frustration und der Handlungsunfähigkeit. Anstatt das zu tun, was wir tun wollen, reagieren wir nur noch auf Umstände und Umgebung. Wir haben das Gefühl, daß das, was wir sind und was wir tun oder nicht tun können, ausschließlich von dem abhängt, was sich außerhalb unserer selbst abspielt.

Zu solchen Zeiten handeln wir als Opfer unserer verdrängten Antriebe und Wünsche oder auch als Opfer anderer Menschen und äußeren Geschehens. In einem Zustand, in dem wir glauben, »ohne Willen« zu sein, sind unsere primären Motivationen Wunsch und Angst. Wir sehen uns als Menschen, die nichts unter Kontrolle haben, und erfahren uns als »Sklaven unserer Wünsche«, ob wir uns dessen nun voll bewußt sind oder nicht. Unser einziges Verlangen ist, unsere Wünsche erfüllt zu bekommen und dabei Kampf, Anstrengung und Leiden soweit wie möglich zu vermeiden. Müssen wir zu diesem Zweck andere Menschen manipulieren, so werden wir es tun, wenn nur unsere Wünsche erfüllt werden. Da wir unsere Verantwortlichkeit auf diese Weise noch weiter verringern, werden wir in noch stärkerem Maße zum Opfer und können leicht tiefer in diese tödliche Falle geraten.

Wie schlimm die Situation, in der wir uns gerade befinden, auch sein mag, wir können in Wirklichkeit aus ihr machen, was wir wollen. Sitzt jemand zum Beispiel zu Unrecht im Gefängnis, so kann er seine Tage damit verbringen, sein Schicksal zu beklagen. Er könnte auch Rachepläne schmieden gegen diejenigen, die ihn zu Unrecht ins Gefängnis gebracht haben, diejenigen, deren Opfer er ist. Er könnte aber auch ganz andere Pläne machen und in die Tat umsetzen – zum Beispiel meditieren, schreiben, seine Zeit nutzen zur genauen Beobachtung seiner selbst und seiner Mitgefangenen und anderes mehr. Es gibt zahlreiche Geschichten von Menschen, die genau das getan haben.

Selbstverständlich müssen wir uns in keiner so extremen Situation befinden, um uns als Opfer zu fühlen. Denken Sie darüber nach, wann Sie sich als Opfer fühlen. Vielleicht sind Sie Opfer Ihres Chefs, Ihres Partners, Ihrer Eltern oder sogar Ihrer Kinder! Vielleicht fühlen Sie sich als Opfer der ungerechten Gesellschaft, in der Sie leben. Der Schlüssel für die Befreiung aus dieser Opferrolle liegt in dem Bewußtsein, daß Sie selbst Ihre Lage schaffen, was immer Ihnen auch begegnen mag. Wir alle erschaffen unsere Welt in jedem Augenblick aufs neue.

Die nächste Phase ist, zu verstehen, »daß es einen Willen gibt«. Wir haben vielleicht das Gefühl, daß wir dieses Verstehen noch nicht umsetzen können, doch wissen wir, daß so etwas möglich ist. Wir erkennen, daß wir Wahlmöglichkeiten haben. Natürlich kann es sein, daß erst ein Teil unserer Persönlichkeit dieses Stadium erreicht hat, während die Entwicklung in anderen Teilen mehr oder weniger fortgeschritten ist. Aber selbst wenn erst ein Teil von uns dieses Stadium erlebt, findet doch eine Verlagerung statt. Aus unbewußtem Wünschen wird aktives, bewußtes Wünschen. Es kann sein, daß wir uns noch isoliert fühlen, doch ist da ein keimendes Bewußtsein von Verantwortung, von der Möglichkeit persönlicher Einflußnahme und Entscheidung.

Haben wir einmal zur Kenntnis genommen, daß wir einen Willen besitzen, dann können wir daran gehen, ihn zu entwickeln. Es gibt zwei grundlegende Aspekte des Willens, die entwickelt werden können. Wir sprechen in der Psychosynthese von »starkem Willen« und »kreativem Willen«. Der starke Wille ist die Energie, zu wählen und zu entscheiden, der kreative Wille dagegen bestimmt das Wie seines Gebrauchs. Vergleichen wir den starken Willen mit einem Auto, dann ist der kreative Wille der Fahrer. In wohl den meisten Menschen ist einer dieser Aspekte stärker entwickelt als der andere, doch bleibt für gewöhnlich in jedem Fall Raum für Weiterentwicklung.

Eine der besten Möglichkeiten, unseren starken Willen zu üben, bietet uns das tägliche Leben. Hassen Sie zum Beispiel Hausarbeit, so könnten Sie beschließen, diese regelmäßig, mit Zuwendung und positiver Einstellung zu erledigen. Ebenso könnten Sie aus körperlicher Arbeit einen Akt des Willens machen. Sie könnten zum Beispiel Gartenarbeit bewußt tun, sich deutlich machen, daß Sie jedesmal, wenn Sie eine Schaufel Erde bewegen, jedesmal wenn Sie eine Pflanze setzen, einen Willensakt vollbringen. Sie könnten Aerobikübungen machen oder tanzen, und zwar nicht so sehr des Körpertrainings wegen, als vielmehr um jede Bewegung bewußt und willentlich auszuführen. Sie könnten Geschichten lesen oder Fernsehprogramme ansehen über heroische Taten, die gegen alle Wahrscheinlichkeit vollbracht worden sind. Sie können sich leicht weitere Übungen zur Stärkung Ihrer Willenskraft ausdenken. Wichtig ist dabei vor allem, daß Sie sie spielerisch, mit Freude und Interesse ausführen.

Auch den kreativen Willen können Sie im Rahmen Ihres täglichen Lebens entwickeln. Waschen Sie zum Beispiel das Geschirr ab, so könnten Sie sich überlegen, wie man diese Arbeit am geschicktesten und effizientesten, das heißt ohne unnötige Energievergeudung erledigt. Wäre es sinnvoller, zuerst die fettigen Pfannen oder zuerst die Gläser zu waschen? Unsere Kreativität und Geschicklichkeit wird nicht nur durch unser Tun entwickelt, sondern auch durch unsere Einstellung zu diesem Tun. Es geht dabei nicht so sehr darum, was wir tun, sondern wie wir es tun. Hierzu gehört auch, zu erkennen, wieviel Energie wir für etwas aufwenden. Wenden wir zuwenig auf, so ist es, als würden wir einen Löffel benutzen, um einen Berg zu versetzen; wenden wir zuviel auf, so gebrauchen wir sozusagen einen Kran, um ein Ei zu transportieren!

Haben wir unseren Willen wenigstens zu einem gewissen Grad entwickelt, so gehen wir zur nächsten Phase über, in der wir »einen Willen haben«. Das Erleben dieses Stadiums kann bewußt oder unbewußt sein. In den meisten Fällen ist es ein allmähliches Erwachen. Wir beginnen, unser Leben in den Griff zu bekommen. Haben wir uns entschieden, eine bestimmte Rolle zu spielen, so bleiben wir uns sowohl unseres Zentrums, unseres Ich bewußt, als auch der Rolle, die wir spielen. Wir können vom einen zum anderen umschalten, je nachdem, was in der gegebenen Situation angemessen ist.

Erkennen wir bewußt, daß wir einen Willen haben, so bedeutet das entschieden eine Bewegung auf eine Integration zu. Wir sind nicht mehr so zerrissen und haben deutlicher erkennbare Wahlmöglichkeiten. Wir fangen an, mehr Gefühl für unseren »Lebenszweck« zu entwickeln, für den Sinn unseres Hier und Jetzt auf diesem Planeten, und übernehmen echte Verantwortung für unser Handeln. Natürlich sind wir nicht ständig in dieser Weise bewußt und verantwortungsbewußt, doch die Zeitspannen, in denen wir es sind, nehmen allmählich zu.

Die vierte und letzte Phase der Entwicklung des individuellen Willens wird in der Psychosynthese als ein »Willesein« bezeichnet. Ist dieses Stadium erreicht, besteht Übereinstimmung mit dem transpersonalen Selbst und den tiefsten, spirituellsten Aspekten des Willens. Wir sind in Kommunikation mit unserem tiefinnersten Verstehen.

Diese Bewußtseinsebene können wir durch Meditation oder durch Stille erreichen oder einfach dadurch, daß wir uns nach innen wenden und uns von den Energien des Selbst durchdringen lassen. Haben wir einmal dieses Stadium erreicht – und sei es auch nur für einen Augenblick –, ist unausweichlich, daß wir den Wunsch hegen, diesen tiefreichenden und bedeutsamen Kontakt in der Welt zum Ausdruck zu bringen. In der Tat besteht »wahre spirituelle Entwicklung« nicht darin, daß man stundenlang in Yogihaltung verbringen oder »Wunder wirken« kann, sondern vielmehr darin, daß die höheren Energien in einer Form zum Ausdruck kommen, die unseren Mitmenschen Hilfe und Heilung bringt.

Spirituelle Zielsetzung

Geht unser Wollen von unserem Zentrum aus, so werden wir zum Ursprung des Geschehens in unserem Leben und sind nicht länger einfach Opfer der Umstände. Wir entdecken, daß ein Unterschied besteht zwischen dem »echten Willen«, unserem Lebensziel oder -zweck, der als Wille unseres Selbst definiert werden kann, und den Bestrebungen, die von den Subpersönlichkeiten ausgehen, wie egoistische Wünsche und Antriebe. Das soll nicht heißen, daß die Wünsche der Subpersönlichkeiten nicht erfüllt werden sollten. Im Gegenteil, ihre Bedürfnisse müssen befriedigt werden, bevor sie transformiert werden können. Doch ist es unvermeidlich, daß ihre Wünsche mit denen anderer Subpersönlichkeiten kollidieren. Beim »echten Willen« entstehen keine solchen Konflikte, denn er entspringt unserem tiefsten, innersten Wesenskern.

Wir können diesen unseren echten Willen nur dann wirklich entdecken, wenn wir bewußt und aktiv Schritte unternehmen, um ihn zu offenbaren. Das mag selbstverständlich erscheinen, doch nur allzu oft vergessen wir es und versuchen zu springen, anstatt Schritt für Schritt unserem Weg zu folgen, und dabei achten wir nicht auf das Geschehen des Augenblicks. Der Schritt, der auf den jetzigen Schritt folgt, ist stets von größter Bedeutung und in Wirklichkeit der einzig mögliche. Dies gilt selbst auf physischer Ebene: Versuchen wir, vier Schritte auf einmal zu machen, werden wir sehr wahrscheinlich fallen. Das trifft in noch stärkerem Maße zu, wenn es um unsere innersten Zielsetzungen geht. Es wird uns leichter fallen, auf unserem Weg zu bleiben, wenn wir darauf achten, wo wir im Augenblick stehen, anstatt uns um etwas zu sorgen, was noch in weiter Ferne liegt.

Wir haben vielleicht wenig oder keine Ahnung davon, was unser echter Wille oder unser Lebensziel ist, doch wenn wir darüber nachdenken, welchen Sinn das Wort für uns hat und was uns im Leben »wirklich« etwas bedeutet, dann können wir wenigstens ein leise Ahnung bekommen. Vielleicht wollen Sie es auch mit reflektiver, rezeptiver und kreativer Meditation zu diesem Thema versuchen. Denken Sie auch daran, daß unsere inneren Zielsetzungen stets das Gesetz der Nichteinmischung respektieren. Etwas, was die inneren Zielsetzungen eines anderen durchkreuzt oder ändert, kann nicht Ihre echte innere Absicht sein.

Haben wir zu unserer inneren Zielsetzung gefunden – sei es durch Meditation oder durch eine sonstige Methode der Psychosynthese oder eines anderen Weges der Selbstfindung –, besteht der nächste Schritt darin, zu entscheiden, wie wir sie manifestieren wollen. Die bereits besprochenen Techniken zu ihrer Erdung können sehr hilfreich sein, das Wichtigste jedoch ist, daß wir unseren eigenen, individuellen Weg finden. Hier kann ein guter Begleiter oft von großer Hilfe sein. Er kann uns nicht nur helfen, unsere innere Zielsetzung zu erkennen, sondern auch Möglichkeiten zu finden, sie umzusetzen.

Guter Wille

Der Wille ist nicht ausschließlich aktiv, befaßt sich nicht nur mit »Tun«. Wir könnten zum Beispiel beschließen, eine Weile mit »Nicht(s)tun« zu verbringen, ganz einfach »zu sein«. In der Tat besteht eine der gröbsten Verzerrungen in unserem Denken über Willenskraft darin, zu glauben, sie müsse mit Anstrengung und Rastlosigkeit verbunden sein oder irgendwie Energie verschlingen. Das Gegenteil ist der Fall. Nach bewußten, entschiedenen Willensakten empfinden wir keinen Energieverlust, sondern fühlen uns aufgeladen, lebendiger. Wir sind mehr »da«.

Manchmal ist es richtig zu handeln, und manchmal ist es richtig, die Dinge auf sich beruhen zu lassen. Letzteres ist in gleichem Maße ein Willensakt, der sogar zuweilen viel mehr Anstrengung kostet als Handeln. Von Natur aus sehr eigenwillige Menschen werden es zum Beispiel oft schwer haben, aufnahmefähig zu sein, sich einfach dem Geschehen zu überlassen, ohne zu steuern oder einzugreifen.

Wir müssen flexibel sein und imstande, ein Gleichgewicht zwischen aktiven und passiven Willensakten zu finden. Beide können sowohl einen starken als auch einen kreativen Willen erfordern. Es kann beispielsweise enorm viel Mut und Kraft erfordern, nein zu sagen, wenn Freunde uns zum Gegenteil raten. Auch um Geduld zu zeigen, wenn wir auf etwas warten, worauf wir ganz versessen sind, können wir große Reserven an Willenskraft brauchen. Je besser es uns mit der Zeit gelingt, uns zu zentrieren, desto mehr sind wir zu Willensakten fähig, seien es nun, je nach den Erfordernissen der jeweiligen Situation, aktive oder passive, kraftvolle oder kreative.

Bewegen wir uns auf unser Zentrum zu und werden unsere Willensakte bewußter und zielgerichteter, so entdecken wir in der Folge, daß es noch einen weiteren Aspekt des Willens gibt, der manchmal »der gute Wille« genannt wird. Willensakte, die von Herzen kommen, die mit Sympathie, Liebe, Verständnis und Wärme unternommen werden, sind Manifestationen des guten Willens. Sind wir einem Menschen gegenüber guten Willens, ob dies nun ein Handeln nach sich zieht oder nicht, so verbinden wir die Energien von Liebe und Willen.

Die Psychosynthese sieht den guten Willen als Synthese der Archetypen oder Energien von Liebe und Willen. Ein Akt des guten Willens gegenüber einem anderen Menschen ist ein dynamischer und freudvoller Vorgang, der Verständnis und Zusammenarbeit fördert. Stimmen wir uns auf den guten Willen ein, so erkennen wir, daß alles, was wir tun, Teil des größeren Ganzen aller menschlichen Beziehungen ist. Man könnte den guten Willen auch beschreiben als »Liebe in Aktion«. Solange wir, nach den Begriffen menschlicher Beziehungen, anderen nur antun, was wir auch selbst gern erfahren würden, sind wir auf die Energien des guten Willens eingestimmt. Guter Wille bedeutet jedoch nicht nur, daß man sanft und freundlich ist. Er ist dynamisch und aktiv.

Stellen Sie sich vor, wie wir wären, wenn wir keinerlei guten Willen hätten. Wir wären außerstande, Liebe aktiv zum Ausdruck zu bringen und würden nur nach unseren eigenen Interessen und auf Kosten anderer handeln. Es könnte sein, daß wir mißtrauisch und defensiv, verurteilend und voreingenommen wären, gleichgültig dem Leiden anderer gegenüber, isoliert und einsam. Es wäre andererseits auch möglich, zu viel guten Willen zu zeigen. Andere hätten dann ein leichtes Spiel mit uns. Unsere Hilfsbereitschaft könnte so übertrieben sein, daß sie an Einmischung grenzen würde, oder wir wären unfähig, jemals nein zu sagen. Wir wären überfreundlich, sozusagen zuckersüß.

Mit dem richtigen Maß an gutem Willen jedoch, schaffen wir das richtige Gleichgewicht zwischen Liebe und

Willen, sind kooperativ und hilfsbereit und zeigen alle Voraussetzungen für »gute menschliche Beziehungen«. Wir alle haben zu jeder Zeit freie Entscheidung, ob wir guten Willen an den Tag legen wollen oder nicht. Wie immer, haben wir auch hier drei Optionen – »ja«, »nein« und »jetzt nicht«. Wir können gleich jetzt zwischen diesen drei Möglichkeiten wählen. Beschließen wir, ja zum guten Willen zu sagen, dann wird es natürlich auch Momente geben, wo wir versagen. Doch wann immer das geschieht, steht uns die Entscheidung frei, uns zurückzubesinnen, uns aufs neue zu zentrieren und uns aufs neue von seiner Kraft begeistern zu lassen.

Übung: Über den Wert des Willens

Entspannen und zentrieren Sie sich. Denken Sie darüber nach, wann Sie in Ihrem Leben Gelegenheiten verpaßt oder auch sich selbst oder anderen Leid zugefügt haben, sei es durch Mangel an Willen oder Zielsetzung oder durch Ihre Unfähigkeit, eine eindeutige Entscheidung zu treffen beziehungsweise in die Tat umzusetzen. Stellen Sie sich die entsprechenden Ereignisse so lebhaft wie möglich vor und lassen Sie die damit verbundenen Gefühle in sich aufsteigen.

Nun fassen Sie diese Begebenheiten aus Ihrem Leben, die Sie soeben zurückgeholt haben, in einer Liste zusammen. Vertiefen Sie sich ganz in den Wunsch, sich zu ändern und mehr Willen zu entwickeln.

Denken Sie nach über all die Chancen und Vorteile, die eine Stärkung Ihres Willens sowohl für Sie selbst als auch für andere bringen würde. Holen Sie sich diese Vorteile deutlich vor Augen und schreiben Sie sie auf. Versenken Sie sich ganz in die Gefühle, die die vorweggenommenen Vorteile in Ihnen aufkommen lassen. Fühlen Sie die

Freude, die diese Möglichkeiten Ihnen bringen könnten, und die Befriedigung, die ein stärkerer Wille Ihnen verschaffen würde. Versenken Sie sich ganz in den Wunsch, auf diese Weise stärker zu werden.

Zum Schluß stellen Sie sich vor, Sie hätten einen starken Willen. Stellen Sie sich vor, wie Sie in jeder Situation mit fester Entschlußkraft, zielgerichteter Absicht und klarer Erkenntnis handeln. Visualisieren Sie, wie Sie sind, wie Sie in einer Weise gehen, sprechen und sitzen, die anzeigt, daß Sie zu Ihrem inneren Willen gefunden haben. Sie sind stark und doch feinfühlig, fest und doch freundlich. Sie handeln mit Geschick und Unterscheidungsvermögen. Machen Sie sich deutlich, daß Sie von dieser Technik jederzeit Gebrauch machen können, um Ihren Willen zu stärken.

Die Macht der Vorstellungskraft

Stellen Sie sich vor, wie die Welt aussehen könnte, wenn sich die Menschen in ihrer Mehrheit nicht mit ihren eigenen egoistischen Zielen, sondern mit dem Wohl anderer befassen würden. Erkennen Sie die Rolle, die Sie beim Aufbau einer solchen Welt spielen können. Visualisieren Sie den Geist wohlwollender Gesinnung als Lichtstrahl, der von Ihnen ausgeht... zu allen Menschen, Problemen und Situationen, zu denen Sie eine unmittelbare Beziehung haben.

Roberto Assagioli

Vorstellungskraft ist die Fähigkeit, sich Bilder oder Vorstellungen von Objekten zu machen, die für die Sinne nicht wahrnehmbar sind oder überhaupt nicht existieren. So können wir uns zum Beispiel ein Einhorn vorstellen, obwohl wir noch nie eines gesehen haben. Vorstellungskraft oder Imagination bildet so die Grundlage der kreativen Fähigkeiten unseres Geistes. Alles, was geschaffen wird, sei es auf künstlerischem, wissenschaftlichem oder welchem Gebiet auch immer, wurde ursprünglich von der Vorstellungskraft konzipiert. In der Psychosynthese gebrauchen wir die Imagination, um unbewußte innere Vorgänge zu erforschen und unser personales, interpersonales und transpersonales Wachstum zu stimulieren. Wir gebrauchen sie auch, um diesen inneren Lernprozeß, dieses innere Wachstum in unserer äußeren Welt auf kreative und das Leben intensivierende Weise umzusetzen.

Unsere Vorstellungskraft bietet uns die Möglichkeit eines symbolischen Kontakts mit unserem Unbewußten. Sie kann uns helfen, eine Verbindung mit all unseren unbewußt ablaufenden Prozessen herzustellen. Ist diese einmal geknüpft, wird Transformation möglich. Sie kann uns auch helfen, unsere eigene innere Weisheit zu verstehen und sie auf stimulierende Weise zum Ausdruck zu bringen. Indem wir Gebrauch von unserer Vorstellungskraft machen, um Zugang zu inneren Vorgängen zu finden, können wir unterentwickelte Anteile unserer Persönlichkeit ans Licht bringen, so daß sie selbständig werden können. In der Tat ermöglicht uns unsere Vorstellungskraft nicht nur die symbolische Verbindung mit unserer inneren Welt, sie kann uns auch zu einer Transformation all unserer inneren und äußeren Beziehungen verhelfen.

Obwohl manche Symbole als universell betrachtet werden können, hat jeder von uns seine eigene Bilderwelt. Eine weiße Taube zum Beispiel mag wohl heutzutage für viele Menschen Frieden symbolisieren, andere jedoch sehen in ihr ein Nahrungsmittel und ein Symbol für Nahrung. Für uns im Westen ist die Trauerfarbe Schwarz, doch in anderen Teilen der Welt wird bei Begräbnissen Weiß getragen. Die Bedeutung einer universellen Symbolik soll damit nicht verleugnet werden. Sie ermöglicht es uns, fruchtbare und lohnende Beziehungen herzustellen. Es ist jedoch von größter Bedeutung, daß wir unsere eigenen Bilder und Symbole finden und unseren eigenen inneren Prozessen vertrauen. Was irgendeine Vorstellung für Sie bedeutet, ist sehr viel wesentlicher als die Interpretation eines anderen. In der Psychosynthese ermutigen wir die Menschen stets, ihre eigene Bilderwelt zu entdecken und ihre eigene, persönliche Beziehung zu Symbolen und Mythen zu finden.

Fangen wir an, die Bilder zu erforschen, die aus unserem Unbewußten aufsteigen, so bleibt es nicht aus, daß sich der Rahmen unserer Erkenntnis erweitert. Es muß jedoch ein Gleichgewicht im Zusammenspiel zwischen dieser Erkenntnis und unserem Willen gefunden werden. Die neuen Vorstellungen, die in uns aufsteigen, mögen wohl unsere Erkenntnis über uns selbst und unsere Welt erweitern, doch wir benötigen unseren Willen, um etwas mit diesen Vorstellungen anzufangen, um sie umzusetzen. Versäumen wir es, die zunehmende Erkenntnis zu integrieren, so laufen wir Gefahr, zu »Bildersüchtigen« zu werden, die unablässig auf der Suche nach neuen Bildern und Symbolen sind, als Droge für ein falsches Ich-Gefühl. Dies kann uns zu Wichtigtuern machen und uns von jedem echten Zugang zu transpersonalen Bereichen abschneiden. Unterlassen wir es dagegen, die Welt der Bilder und Symbole zu erforschen, und verlassen uns stattdessen auf das, was wir bereits wissen, sehen und fühlen, so laufen wir die ebenso große Gefahr, unbeweglich und steril zu werden.

Es gibt vielerlei Arten, von unserer Vorstellungskraft Gebrauch zu machen. Zum Beispiel können wir mit ihrer Hilfe »versuchsweise« Erfahrungen machen. Sowohl wirkliche als auch imaginäre Situationen, die Ängste in uns auslösen, werden für uns faßbar, und wir können an ihnen arbeiten, bevor die Situation (zum Beispiel ein Vorstellungsgespräch) eintritt. Wir können unsere Imagination auch gebrauchen, um unser Verhältnis zu verschiedenen Aspekten unserer Persönlichkeit zu verändern. In der Tat sind den Möglichkeiten, unsere Imagination im Dienste unseres Wachstums einzusetzen, nur durch die Grenzen unserer Vorstellungskraft Schranken gesetzt. Alles, was wir uns vorstellen können, kann möglicherweise geschehen. Und alles und jedes kann Gegenstand unserer Imagination sein.

Eine weitere Verwendungsmöglichkeit ist das Zurückholen von Erlebnissen aus der Vergangenheit (seien es nun »Hochs« oder »Tiefs«). Gestehen wir uns zu, von neuem durch ein traumatisches Erlebnis zu gehen, und zwar mit allen damit verbundenen Gefühlen, Emotionen und Empfindungen, die die Bilder heraufbeschwören, so wird eine Transformation möglich. Legen wir ein altes Muster ab, so wird Raum für ein neues geschaffen. Erleben wir zum Beispiel in der Vorstellung unsere Geburt von neuem und können auf diese Weise damit verbundene Schmerzen und Schwierigkeiten ausräumen, haben wir die Möglichkeit, in der Folge eine »neue Geburt« zu imaginieren, die förderlicher für unsere Gesundheit und unser Leben ist. Ein solcher Einsatz der Vorstellungskraft kann, sofern damit das entsprechende echte Erleben verbunden ist, eine tiefe transformierende Wirkung auf unsere Persönlichkeit haben.

Die Macht der Vorstellung ist der Großindustrie, den Werbefachleuten, den Politikern und allen anderen, die uns auf die eine oder andere Weise manipulieren, aufs beste bekannt. Sehen wir eine Reklame wieder und wieder und denken gelangweilt, daß der Zuständige gut daran tun würde, sich eine neue auszudenken, so entgeht uns das Wesentliche. Selbst wenn wir bewußt Widerstand leisten, tut alles, was unseren Sinnen wiederholt dargeboten wird, seine Wirkung. Vielleicht sind wir der Ansicht, daß wir ein bestimmtes Produkt gar nicht der Werbung wegen gekauft haben, doch sehr oft haben wir genau das getan, wenn es auch vollkommen unbewußt war. Alle Bilder, die wir sehen oder imaginieren, haben die Tendenz, die entsprechenden physischen Bedingungen und Handlungen zu erzeugen.

Die Tatsache, daß Bilder, die sich ständig wiederholen, sozusagen in unser Unbewußtes einsinken und uns von dort aus beeinflussen, kann zu unserem Nutzen eingesetzt werden. Werden wir auf diese Weise von der Werbung beeinflußt, so können wir auch bewußt beschließen, uns unsere eigene »Werbung« zu schaffen und auf sie zu reagieren. Wünschen wir uns zum Beispiel mehr Liebe in unserem Leben, so könnten wir eine entsprechende Affirmation – vielleicht »Ich bin liebenswert« – auf einige Karten schreiben und diese im Haus verteilen, an Stellen, wo wir sie oft zu Gesicht bekommen. Es ist nicht einmal nötig, daß wir sie bewußt ansehen, denn, genau wie sonstige Werbung, wirkt sie auf unbewußter Ebene. Werden wir dann unter diesem Einfluß liebenswerter, ist es sehr wahrscheinlich, daß wir auch mehr Liebe erfahren werden.

Über Bilder können wir auch höhere Werte in unserem täglichen Leben manifestieren. Würden wir diese Macht der Bilder dazu verwenden, zum Beispiel mit dem transpersonalen Wert »Freude« in Berührung zu kommen und mehr davon auf unseren Planeten bringen, so wäre das sehr positiv. Symbole können uns helfen, die Macht unserer Vorstellung zu erkennen und zu gebrauchen. Wollen wir an sie anzuknüpfen, so müssen wir Unterscheidungsvermögen an den Tag legen, um sicher zu gehen, daß wir nur »das höchste Gut« manifestieren. Bekennen wir uns wirklich zu dieser unserer Macht und stimmen uns über unser Selbst-Bewußtsein auf unsere innere Zielsetzung ein, wie dies im letzten Kapitel beschrieben wurde, so werden wir entdecken, daß wir aus einer ruhigen inneren Weisheit heraus von Natur aus urteilsfähig sind.

Wir können unsere Imagination dazu gebrauchen, unsere Macht auf vielerlei Art zu manifestieren. Wir können zum Beispiel mit einem gegebenen Bild beginnen, wie der Wiese oder dem Berg, beides Bilder, die uns in zahlreichen Psychosynthese-Übungen begegnen. Manchmal ziehen wir es vielleicht vor, uns einfach zu entspannen und die Bilder fließen zu lassen, wobei wir darauf vertrauen, daß unser Unbewußtes die Weisheit besitzt, jeweils die Bilder aufsteigen zu lassen, die in diesem Augenblick für uns richtig sind. Für welche Art, bildhafte Vorstellungen für unser Wachstum einzusetzen, wir uns auch entscheiden mögen, sie wird Früchte tragen, wenn die Bilder natürlich und ungezwungen kommen. Angesichts des Reichtums unserer Vorstellungskraft, brauchen wir nie etwas zu erzwingen; wir müssen jedoch lernen, uns selbst zu vertrauen.

Wir können echte Freude daran finden, die Inhalte unseres Unbewußten zu formen und auf diese Weise unsere innere Welt positiv zu beeinflussen, nicht um »Macht über« irgend etwas oder jemanden zu haben, sondern um ganz einfach die Macht in Anspruch zu nehmen, die uns der wahren Natur unseres innersten Wesens entsprechend zukommt. Beginnen wir, unsere innere Freiheit zu entdekken, und werden wir nicht länger von Vorstellungen und Phantasien gesteuert, sondern sind imstande, diese auf uneigennützige Weise zu unserem Vorteil einzusetzen, so werden wir psychisch reif.

Bilder aller Art, positive wie negative, steigen ständig aus unserem Unbewußten auf. Wir können auf sie reagieren oder aber auf sie einwirken. Mit anderen Worten, wir haben sie oder sie haben uns. Im ersteren Fall können wir mit ihnen tun, was wir wollen. Wir können von den positiven Vorstellungen zehren, sie wachsen und stärker werden lassen, und wir können die negativen auflösen und ihnen keine Macht über uns zugestehen. Zum Beispiel haben wir die Möglichkeit, ganz einfach eine positive Vorstellung zu nehmen, die aus unserem Unbewußten aufsteigt, und sie bewußt größer und größer werden lassen, bis sie uns mit ihrer positiven Energie überflutet und ganz ausfüllt. Ebenso können wir eine aus unserem Unbewußten aufsteigende negative Vorstellung immer kleiner werden lassen, bis sie verschwindet. Wir könnten uns sogar vorstellen, daß sie im Licht einer glühenden, reinigenden Sonne ganz und gar verglüht.

Lassen wir los und vertrauen auf die Bilder, die aus unserem Unbewußten aufsteigen, so können wir das Gefühl haben, »neugeboren« zu sein. Wir vermögen uns besser auf das Neue an jeder beliebigen Situation einzustellen, ohne uns mit dem Geschehen zu identifizieren oder ihm verhaftet zu sein.

Das Wesen der Symbole

Symbole sind »die Sprache des Unbewußten«. Nehmen wir Verbindung mit unserer inneren Welt auf, so tun wir dies über Symbole. Um Symbole wirklich verstehen und integrieren zu können, genügt es jedoch nicht, sie auf der intellektuellen Ebene zu verstehen. Sie müssen auch Gefühle und Empfindungen hervorrufen. Ebenso können sie nicht ohne Zusammenhang interpretiert und verstanden werden. Ein Flugzeug, das Bomben abwirft und eines, das dringend gebrauchte Güter anliefert, bringen nicht nur völlig verschiedene Auffassungen von dem Begriff »Flugzeug« mit sich (obwohl ein und dasselbe Flugzeug beide Funktionen erfüllen kann), sondern sie rufen auch völlig verschiedene Empfindungen hervor. Um ein Symbol wirklich verstehen zu können, müssen wir hinter die äußere Form sehen, die seine tiefere Bedeutung verschleiern und verbergen kann, und uns auf die innere Wahrheit, das Wesen des Symbols einstimmen.

In der Psychosynthese befassen wir uns nicht so sehr mit der kalten, rationalen Analyse von Symbolen, sondern nähern uns vielmehr dieser wesentlichen inneren Form. Zu den grundlegenden Möglichkeiten, dies zu erreichen, zählen die folgenden:

- Wir betrachten die äußere Form des Symbols und sehen, ohne in irgendeiner Weise zu analysieren oder zu interpretieren, was es an seiner Oberfläche zu erkennen gibt. Es ist oft überraschend und aufschlußreich, zu entdekken, wieviel uns schon die Symbole an sich sagen, die spontan aus unserem Unbewußten aufsteigen, ohne daß wir sie in irgendeiner Weise bewerten oder interpretieren müßten.

– Wir lassen die Gefühle und Emotionen zu, die das Symbol in uns aufsteigen läßt, und erleben sie ganz. Auch hierbei unterlassen wir am besten jede Interpretation und Bewertung. Gefühle sind in bezug auf Werte ehrlich, und so können wir den wahren Wert eines Symbols erkennen, indem wir es »erfühlen«.

– Wir gebrauchen unseren Verstand, um zu der tiefsten Bedeutung eines Symbols vorzudringen und zu entdekken, was es uns zu sagen hat. Ohne daß wir es rational analysieren müßten, können wir unser Denkvermögen dazu gebrauchen, unser Wissen ins Spiel zu bringen und das Symbol klar und ohne Bewertung zu interpretieren.

– Wir lassen die innere oder tiefere Bedeutung des Symbols intuitiv aufsteigen. Hinter allen Empfindungen, Gefühlen und Gedanken, die wir in Zusammenhang mit einem Symbol haben, steht dessen abstraktere, »größere« Bedeutung, die über unsere individuelle Auffassung von diesem Symbol hinausgeht. Wir können nicht lernen, intuitiv zu sein, wir können es nur »geschehen lassen«. Gelingt uns dies, so haben wir uns auf Ebenen eingestimmt, auf denen wir mit der Zielsetzung unserer Seele besser in Einklang stehen.

– Wir identifizieren uns mit dem Symbol. Um das Wesen und die Wirkung eines Symbols zu erforschen, können wir uns willentlich mit ihm identifizieren. Die Form, die ein Symbol annimmt, kann unter Umständen seine tiefere Bedeutung verdunkeln, doch wenn wir uns mit ihm identifizieren, können wir Zugang zu seinem wahren Wesen finden. Zu diesem Zweck müssen wir gut zentriert und entspannt sein und nicht an irgendwelchen Gedanken und Gefühlen, selbst nicht einmal an Intuitionen festhalten, die wir in Zusammenhang mit diesem Symbol haben. Sie könnten zum Beispiel die Selbstidentifikationsübung machen und sich bewußt vorstellen, Sie wären das zu erforschende Symbol. Beobachten Sie, was Sie denken, fühlen und empfinden.

Wir können sowohl unsere innere Welt der Phantasie als auch die äußere »Realität« auf individueller wie auf kollektiver Ebene verändern. Die Symbole, die wir für diese Arbeit benötigen, müssen nie von außen an uns herangetragen werden. Unser Unbewußtes wird uns stets die richtigen Botschaften senden. Haben wir Vertrauen zu diesen Botschaften aus unserer inneren Welt, so werden wir feststellen, daß sie sowohl auf uns als Individuen, als auch über uns auf die Welt als Ganzes verändernde Wirkung haben. Wir können uns Symbole wieder zu eigen machen und sie in den lebensfördernden Wachstums- und Evolutionsprozeß integrieren, anstatt sie denen zu überlassen, die sie nur gebrauchen wollen, um andere zu ihren eigenen egoistischen Zwecken zu manipulieren und zu steuern.

Träumen

Daran, daß sich Träume in der äußeren Welt »nicht wirklich ereignen«, sondern sich ihrem Wesen nach nur in unserer Vorstellung abspielen, können wir erkennen, daß ihnen eine wichtige Rolle zukommt, wenn es darum geht, wie unser Unbewußtes zu uns spricht. Obwohl es in manchen Fällen nötig ist, den Symbolgehalt unserer Träume zu analysieren, stellen wir oft fest – wie übrigens bei aller Psychosynthesearbeit mit Symbolen –, daß wir am besten erkennen, was sie uns zu sagen haben, wenn wir zu anderen, weniger direkt analysierenden Methoden greifen.

Wir können mit jedem beliebigen Gegenstand aus einem Traum, sei es nun ein Mensch, ein unbelebtes Objekt oder was auch immer, einen Dialog führen. Wir können ihm das

Wort erteilen und nützliche Informationen bekommen. Machen Sie gleich jetzt einen Versuch: Erinnern Sie sich an einen Traum, den Sie in der letzten Zeit hatten, sprechen Sie einen Traumgegenstand an und sehen Sie, welche Antworten er für Sie bereithält. Eine andere Form der Traumarbeit besteht darin, daß man den Traum bewußt fortführt. Sie ist besonders dann von Nutzen, wenn uns der Traum irgendwie unvollständig vorkommt. Wir können uns ausmalen, was als nächstes geschieht. Die »Traumgeschichte« soll sich entfalten bis zu einem positiven, für das Leben förderlichen Abschluß.

Manchmal ist es auch sinnvoll, Bilder aus unseren Träumen zu zeichnen oder zu malen. Dabei gewinnen wir oft tiefen Einblick in die Bedeutung unserer Träume, ohne daß wir zu irgendwelchen verstandesmäßigen Interpretationen greifen müssen. So können wir zum Beispiel in unseren Träumen stets wiederkehrende Themen entdecken. Dies kann uns helfen, zu erkennen, woran wir hängen und woran wir in irgendeiner Weise noch arbeiten müssen.

»Erwachen« wir sozusagen in einem Traum, das heißt werden wir uns bewußt, daß wir träumen, während wir noch im Traum sind, so nennt man dies »wachbewußtes (oder luzides) Träumen«. In wachbewußten Träumen können wir, anders als bei der gebräuchlicheren Art von Träumen, mit Bedacht handeln. Die einfachste Methode, wachbewußtes Träumen zu induzieren, besteht vielleicht darin, daß wir uns vor dem Einschlafen sagen, daß wir dazu imstande sind. Diese Affirmation prägt sich unserem Unbewußten ein und trägt dazu bei, die Voraussetzungen für wachbewußte Träume zu schaffen. Wir können jedoch nicht erwarten, daß uns dies jedesmal gelingt, und es kann sein, daß wir die Affirmation über Wochen oder Monate wiederholen müssen, bevor sich ein Erfolg einstellt.

Ob wir nun wachbewußt träumen oder nicht, es ist auf jeden Fall nützlich, daß wir unsere Träume beobachten und insbesondere nach erkennbaren Mustern in unserem Traumgeschehen Ausschau halten, die uns helfen, unsere Beziehung zu unserem Unbewußten zu verstehen. Auch ein Traumtagebuch, in dem wir unsere Träume nach dem Erwachen festhalten, kann unsere Wahrnehmung des Traumgeschehens steigern. Machen wir uns klar, daß wir ein Drittel unseres Lebens schlafend verbringen, so wird es fast zu einer zweiten Natur, zu akzeptieren, daß die Ereignisse, an die wir uns aus unseren Träumen erinnern, unsere Aufmerksamkeit verdienen. Träume sind Botschaften aus unseren unbewußten Bereichen. Nach der allgemeinen Überzeugung sind die meisten Träume einfach ein Wiederabspulen von Inhalten unseres tieferen Unbewußten, die auf vergangenen Ereignissen basieren und die unser Bewußtsein irgendwie zu verstehen und neu zu strukturieren sucht. Sich mit diesen Träumen zu beschäftigen, kann daher eine überzeugende Möglichkeit sein, an unserem tieferen Unbewußten zu arbeiten. Gelegentlich haben wir Träume, die überbewußten Ursprungs zu sein scheinen. Sie sind oft besonders klar, und wir haben das subjektive Gefühl, daß sie »anders« sind. Haben wir Träume, die prophetische Visionen und tiefe spirituelle Einsichten enthalten, so geht es nicht so sehr darum, mit diesen Träumen zu arbeiten, als vielmehr darum, die Vision festzuhalten und zu verfolgen, wie sie sich natürlich und organisch entfaltet.

Übung: Das Haus unseres Ich

Wann immer wir irgendeine Art von Bildersprache verwenden, stellen wir eine Verbindung zwischen Bewußtem und Unbewußtem her. Um eine solche Verbindung in unserem täglichen Leben real werden zu lassen, ist es wichtig, daß wir eine Beziehung zu unserem Körper herstellen.

Wir können unseren Körper auch als Quelle von Symbolen und Bildern sehen. Wie fühlt sich Ihr Körper in diesem Augenblick? Wir können diese Bilder kreativ zu unserem persönlichen Wachstum einsetzen. In der folgenden Übung wollen wir von unserer Vorstellungskraft Gebrauch machen, um unsere innere Welt in eine konkrete Form zu bringen. Solange wir auf dieser Ebene bleiben, wird sie jedoch weniger real sein, als wenn wir Wege finden, unsere Einsichten über unseren Körper in der Welt zu erden.

Machen Sie es sich bequem, entspannen und zentrieren Sie sich. Stellen Sie sich vor, Sie sind ein Haus. Sehen Sie sich als Haus. Welche Art von Haus sind Sie – ein Sommerhaus, ein Terrassenhaus, ein Herrensitz oder was sonst? Nehmen Sie sich Zeit, um sich mit möglichst vielen Details vorzustellen, was für eine Art Haus Sie sind.

Errichten Sie vor sich dieses Haus und stellen Sie sich vor, daß Sie es durch den Vordereingang betreten. Das ist kein Problem, denn es ist Ihr Haus. Heute wollen wir uns nur das Untergeschoß oder den Keller ansehen. Sie können das restliche Haus ein anderes Mal besichtigen.

Suchen Sie sich Ihren Weg hinunter in das Untergeschoß und sehen Sie es sich sorgfältig an. Gehen Sie ins Detail. Untersuchen Sie den Zustand des Fundaments und der Wände, prüfen Sie, ob sie feucht sind und anderes mehr. Schauen Sie, ob in Ihrem Keller Trödel herumsteht. Überprüfen Sie, was immer zum Vorschein kommt, so daß Sie ein deutliches Bild vom Zustand Ihres Untergeschosses bekommen. Seien Sie so ehrlich, als wären Sie ein Sachverständiger, der ein eventuell zu verkaufendes Haus prüft.

Nun erinnern Sie sich, daß es Ihr Haus ist, und daß Sie damit tun können, was immer Sie wollen. Ändern Sie das Untergeschoß ganz nach Ihrem Ermessen. Vielleicht wollen Sie die Mauern verstärken, sie trockenlegen oder die Wände streichen. Vielleicht wollen Sie den Trödel hinauswerfen. Nehmen Sie sich Zeit und gestalten Sie Ihr Untergeschoß ganz so, wie Sie es am liebsten hätten. Ihre Vorstellungskraft gibt Ihnen sogar die Möglichkeit, Räume wegzunehmen oder hinzuzufügen, Form und Stil des Untergeschosses ganz zu ändern, kurzum, alles zu ändern, was Sie ändern wollen.

Sind Sie fertig und haben Sie alle gewünschten Änderungen vorgenommen, so kehren Sie in Ihr Alltagsbewußtsein zurück und halten die Erfahrung in Ihrem Tagebuch oder Arbeitsprotokoll fest.

Wenn Sie an das Ei-Diagramm denken und eine Verbindung zu dem Haus herstellen, das Sie gerade imaginiert haben, können Sie leicht erkennen, daß Sie verschiedene Aspekte Ihres tieferen Unbewußten erforscht haben, indem Sie das Untergeschoß in der beschriebenen Art und Weise untersucht haben. Ein anderes Mal können Sie andere Teile des »Hauses« erkunden, darunter auch »obere Geschosse«, um Ihr Überbewußtes zu ergründen. Denken Sie jedoch daran, daß das, was Sie oben finden, erst dann wirklich nützlich wird, wenn Sie es nach unten in Ihren »Wohnraum« bringen, das heißt in Ihr tägliches Leben, und es so verwenden, daß es Ihr Wachstum und Ihre Entwicklung fördert. Was haben Sie im Untergeschoß Ihres Hauses endeckt, das wert wäre, mit in Ihren Wohnraum hinaufgenommen und verwendet zu werden?

ANNEHMEN UND ÄNDERN

Nehmen wir Freuden an, ohne danach zu verlangen und ohne von ihnen in Bann gezogen zu werden, und akzeptieren wir unvermeidbare Schmerzen, ohne sie zu fürchten und uns aufzulehnen, so können wir aus beidem lernen, aus Freuden wie aus Schmerzen, und aus beiden ihre Essenz destillieren.

Roberto Assagioli

Versteifen wir uns auf Veränderung und versuchen, Dinge in unserem Leben zu verändern, bevor sie dafür reif sind, so schlagen wir eine verlorene Schlacht. Der Kampf wird ebenso hart und letzten Endes sinnlos sein, wenn wir darauf beharren, daß alles bleibt, wie es ist, und alle Veränderungen in unserem Leben von uns weisen. Lernen wir dagegen, das Geschehen zu akzeptieren, ohne uns mit Veränderung oder Status quo zu identifizieren, so schaffen wir in unserem Leben den Raum, in dem die Dinge bleiben können, wie sie sind, oder sich verändern, je nachdem, was im Augenblick zweckmäßig ist.

Zwei primäre, achetypische Kräfte in unserem Leben sind »Veränderung« und »Fortdauern«. Beide sind in gleichem Maße nötig, und beide gehören zu der dynamischen Polarität von Kräften, mit der zu kooperieren oder nicht uns freisteht. Akzeptieren wir beide, so können sich diese Kräfte verhältnismäßig unverzerrt durch uns manifestieren. Dann wird es möglich, Veränderung als Fortschritt, Entwicklung, Wandlung und Freiheit zu sehen, und Fortdauern, in dieser reinen Form, als Zeitlosigkeit, Rhythmus, Geduld und Gefühl von Unvergänglichkeit.

Lehnen wir uns aber entweder dagegen auf, daß sich etwas ändert, oder dagegen, daß etwas beim alten bleibt, akzeptieren wir die Dinge nicht, wie sie kommen, so wird es mit der Zeit zu einer Verzerrung dieser Kräfte kommen. Und so kann uns dann Veränderung sinnlos erscheinen, zu einer Vergeudung unserer Kräfte führen, uns gefühllos machen für unsere eigenen Bedürfnisse oder die anderer, zerstörerisch wirken und unsere eigenen klaren Grenzen auflösen. Das Beharren auf den augenblicklichen Verhältnissen führt in verzerrter Form zu Trägheit und Faulheit, Verschlossenheit, Härte, Feigheit und Furcht vor allem Unbekannten, und es schnürt den Fluß unserer Lebensenergie ab.

Es kann nicht überbetont werden, daß wir in unserem Leben sowohl Veränderung als auch Erhaltung des Bestehenden brauchen. Sprechen wir davon, daß wir beide Pole in unserem Leben zur Geltung kommen lassen und die Dinge nehmen sollten, wie sie kommen, so bedeutet das nicht, daß wir blind irgendein vorbestimmtes Schicksal akzeptieren und uns zu Opfern der Umstände machen sollen. Im Gegenteil, bekennen wir uns zum Wert echter innerer Bereitschaft, zu akzeptieren, was auf uns zukommt, so werden Kräfte freigesetzt, die es uns ermöglichen, Änderungen herbeizuführen oder die Dinge beim alten zu lassen, je nachdem, was unter den jeweiligen Umständen für uns am besten ist. Natürlich ist das nicht immer einfach, doch sollten wir zu einem Gleichgewicht finden, das keines von beidem ausschließt, sondern das Gute an beidem sieht.

Alles ist ständig im Fluß. Das ist eine grundlegende Wahrheit. Könnten wir sie wirklich akzeptieren, hätten wir nicht solche Ängste, wenn sich in unserem Leben die Dinge nicht schnell genug oder aber zu schnell zu ändern scheinen. Wir wären imstande zu sehen, daß die Dinge – was immer »die Dinge« gerade sein mögen – nicht von

Dauer sind, da sich ja alles wandelt. Auch wenn wir uns gefangen fühlen in einer Beziehung, die nicht länger gut für uns ist – alles wandelt sich. Auch wenn wir uns einsam fühlen, da wir bisher keine befriedigende Beziehung anknüpfen konnten – alles wandelt sich. Wir wären imstande, uns auf den natürlichen Fluß des Lebens einzustimmen, und könnten die Dinge akzeptieren, wie sie kommen. Wir wären imstande, aus dieser Haltung heraus zu handeln und je nachdem, was im Augenblick zweckmäßig ist, die Dinge kommen und gehen zu lassen.

Das ist alles schön und gut, doch in Wirklichkeit identifizieren sich die meisten Menschen oft mit ihrem Wunsch, etwas Bestimmtes zu ändern beziehungsweise beizubehalten. Haben wir eine befriedigende Beziehung – nun, dann wollen wir sie selbstverständlich nicht ändern. Doch wenn wir zu sehr daran festhalten, sie nicht auf natürliche Weise wachsen und sich entwickeln lassen, dann wird sie sich verhärten. Sie wird auf jeden Fall nicht mehr die Beziehung sein, die wir jetzt haben, und es besteht die Gefahr, daß sie sich dann in einer Weise ändert, die wir uns nicht wünschen. Oder wir haben keinen Partner und wünschen uns so dringend, daß sich dies ändert, daß uns der Gedanke, einen zu finden, mehr als alles andere in seinen Bann schlägt. Wir verlangen danach, und bei jeder Gelegenheit bemühen wir uns und schwören Treueeide. Menschen, die so handeln, werden die Erfahrung machen, daß sie genau deswegen keinen Erfolg haben oder zumindest keinen von Dauer. Wieder einmal hat sie das Beharren auf einer Idee in die Irre geführt, wieder einmal »funktioniert« das Leben nicht, wie es sollte!

Nehmen wir dagegen Abstand von der Idee, daß irgend etwas sich unbedingt ändern oder unbedingt gleich bleiben muß, werden wir beginnen, die Dinge zu sehen, wie sie wirklich sind. Aus dieser neuen Sicht der Gegebenheiten heraus, können wir uns klarer für oder gegen eine Veränderung entscheiden. Doch dieses echte Annehmen muß wirklich gefühlt und gelebt werden. Es kann nicht nur Sache des Verstandes sein. Haben wir es einmal gelebt, dann kann eine Wandlung stattfinden.

Akzeptieren wir diese Dynamik in unserem Leben, fügen wir uns nicht einfach den Umständen, sondern erkennen bewußt und aktiv, daß wir selbst über sie entscheiden, so vermögen wir die tiefere Bedeutung, die sie für uns haben, besser zu verstehen. Akzeptieren wir etwas auf diese Weise, so sind wir besser in der Lage, es als das zu sehen, was es ist. Wir haben damit die Wahl, es geschehen zu lassen oder effektiver zu bekämpfen.

Da wir in unserem Leben unerwünschte Erfahrungen niemals völlig ausschalten können, tun wir gut daran, sie akzeptieren zu lernen. In der Tat ist es eine weitverbreitete Erfahrung, daß die Situation nur noch schlimmer wird, wenn wir gegen unerwünschte Erfahrungen ankämpfen. Akzeptieren wir dagegen, daß auch Kummer und Mißerfolg, unangenehme Erfahrungen und Zeiten zum Leben gehören, in denen wir Dinge tun müssen, die wir nicht gern tun, dann haben wir Kontrolle über unsere Kräfte und können sie für anstatt gegen uns einsetzen. Akzeptieren wir zum Beispiel, daß wir niedergeschlagen sind, so können wir uns besser mit diesem Gefühl auseinandersetzen, als wenn wir es nicht akzeptieren und versuchen, mit einem Achselzucken darüber hinwegzugehen.

Wir können die äußeren Bedingungen nicht immer ändern, doch ist es immer möglich, an den inneren zu arbeiten. Der einzige Weg, Veränderung herbeizuführen, der uns stets offen bleibt, ist ein Akt des Annehmens. Das mag paradox erscheinen, doch haben wir einmal danach gehandelt, werden wir feststellen, daß es stimmt. Akzeptieren wir das, was ist, dann sind wir offen und imstande zu lernen. Auf diese Weise verstanden, ist Annehmen eines der wichtigsten Werkzeuge der Verwandlung.

Denken wir an etwas, was wir vor kurzem erlebt und wirklich genossen haben, erinnern wir uns an alle Merkmale dieses Erlebnisses, was immer es war, dann steigen die freudigen Gefühle wieder in uns auf. Es ist möglich, angenehme Erfahrungen von neuem zu durchleben, sie zu empfinden, als wären sie Gegenwart. Ein solches Erinnern kann uns gut tun und Freude machen. Probleme entstehen jedoch, wenn wir uns so davon gefangennehmen lassen, daß wir nichts anderes mehr wollen und all unsere Kräfte darauf verwenden, das Erlebnis zu wiederholen.

Erinnern wir uns an eine »schlechte« Erfahrung, etwas, was mit unangenehmen Gefühlen verbunden war, und verwenden einige Zeit darauf, die Gedanken, Empfindungen und Gefühle zurückzuholen, die wir damit verbinden, dann erleben wir auch dieses Geschehen, als wäre es Gegenwart. Auch in diesem Fall ist das Erleben heilsam. Es kann uns helfen, uns mit den Folgen auseinanderzusetzen, obwohl wir uns wohl kaum gern an unerfreuliche oder beunruhigende Erfahrungen erinnern.

So können sowohl offensichtlich positive als auch offensichtlich negative Erfahrungen wertvoll sein. Oft trägt gerade das, was wir aus vermeintlich »ungewollten« Erfahrungen lernen, am meisten zu unserem Wachstum bei und befähigt uns, zum Ausdruck zu bringen, wer wir wirklich sind und was wir von unserem Leben erwarten. Wollen wir gründlich in die Tiefen unserer Vergangenheit eintauchen und traumatische oder beunruhigende Erfahrungen an die Oberfläche holen, so tun wir das am besten in Gegenwart eines guten Therapeuten oder Begleiters. Wenn wir lernen, zu akzeptieren, daß sowohl gute als auch schlechte Erfahrungen ihren Wert haben, dann werden wir vollständiger und sind besser imstande, der Zukunft zu begegnen, was immer sie uns bringen mag.

Die Kraft, zu akzeptieren
und zu verändern

Wir können die Kräfte unseres Willens und unserer Vorstellung mobilisieren, sowohl um Veränderungen herbeizuführen, als auch um die Situation zu akzeptieren, wie sie ist. Für beides brauchen wir Willenskraft, ob wir nun aktiv etwas verändern wollen oder passiv die Entwicklung ihren Gang gehen lassen wollen. Und wir brauchen unsere Vorstellungskraft, um die neuen Welten zu schaffen, auf die wir uns zubewegen wollen, oder um die alten Muster unserer Vergangenheit zu ändern. In früheren Kapiteln dieses Buches haben wir erfahren, wie wir diese Kräfte einsetzen können. Sie werden zuweilen beschrieben als die Kräfte, die uns in die Lage versetzen, die Dinge so zu verändern, wie wir sie haben wollen. Und es sind gleichzeitig die Kräfte, die uns helfen, Zeiten zu akzeptieren, in denen sich die Dinge nicht ändern.

Wenn all dies gut funktionieren soll, brauchen wir außerdem die Kräfte der Erkenntnis und der Liebe. Wie könnten wir ohne Erkenntnis wissen, ob unsere Entscheidung »richtig« ist? Und wie könnten wir ohne Liebe sicher sein, daß wir in Einklang mit den Bedürfnissen und Kräften anderer entscheiden? Diese vier Kräfte – Liebe, Erkenntnis, Willen und Imagination – sind es, die uns unser Leben lang helfen, zu handeln, wie wir handeln wollen, in Einklang mit der Evolution des Bewußtseins auf unserem Planeten.

Besonders bedeutsam werden diese Kräfte für uns in Zeiten des Kummers und der Krisen. Oft sind es die schmerzvollen Erfahrungen, die uns veranlassen, Rat und Hilfe bei einem Psychsynthesebegleiter oder einem anderen Therapeuten oder Berater zu suchen. In der Psychosynthese versuchen wir nicht, am Kummer »herumzudoktern«, die Krise abzuwenden und den Mißerfolg zu übergehen. Wir erkennen im Gegenteil den Wert solcher Erfahrungen. Oft kommen wir gerade durch ein Akzeptieren des Schmerzes in all seinen Erscheinungsformen dazu, mehr über uns selbst zu erfahren und kreative Kräfte freizusetzen.

Wir alle erleben irgendwann in unserem Leben Fehlschläge. Bei manchen Menschen geschieht das so häufig, daß sie sich allmählich selbst als Fehlschlag empfinden. Sie haben nicht das Gefühl, Fehlschläge zu haben, sondern ihnen ausgeliefert zu sein! In einer solchen Verfassung sagt ein Mensch dann nicht: »In meiner augenblicklichen Lage habe ich versagt.« Die schlechte Erfahrung hat ihn in ihrer Gewalt, und seine Aussage geht eher in die Richtung »Ich bin ein Versager«. Erleben wir einen Fehlschlag, so kann das zur Folge haben, daß wir uns selbst von unserem Energiepotential abschneiden. Wir können verärgert, bitter, enttäuscht sein. Das ist in Ordnung. Doch es ist wichtig, daß wir uns, sobald uns dies möglich ist, weiterbewegen und den Fluß unserer kreativen Kräfte wieder in Gang bringen. Wir können den ersten Schritt in diese Richtung tun, indem wir den Fehlschlag und den daraus resultierenden emotionalen Aufruhr ganz einfach akzeptieren.

Eine der wirkungsvollsten Techniken, die wir hierfür einsetzen können, ist das »Segnen des Hindernisses«. Um den Fehlschlag zu akzeptieren, segnen wir ganz bewußt das, was unseren Erfolg verhindert hat. Es darf jedoch kein bloßes »Lippenbekenntnis« sein. Wir müssen wirklich zu dieser Einstellung kommen, so gut es uns möglich ist. Im Anschluß daran sind wir so weit, daß wir weitergehen können.

Bedenken wir, was wir aus dem offensichtlichen Fehlschlag gelernt haben, so erscheint der Gedanke, das Hindernis zu segnen, nicht mehr ganz so absurd. Er ist vergleichbar mit der Vorstellung, seinen Feind zu lieben. Zum Beispiel hat uns unser Scheitern, worin es auch immer bestehen mag, die Gelegenheit verschafft, einen neuen – diesmal besseren – Versuch zu unternehmen. Handelt es sich um etwas nicht Wiederholbares, dann können wir durch den Akt der Segnung zu der Erkenntnis kommen, daß »es offensichtlich nicht sein sollte«. Mit dieser Erkenntnis ordnen wir uns nicht irgendeinem unpersönlichen Schicksal unter, sondern vollziehen eher einen Akt bewußter Entscheidung und Kontrolle.

Wir entscheiden über alles, was wir in unserem Leben tun, ob wir uns dessen in dieser Weise bewußt sind oder nicht. Selbst wenn das nicht wirklich eine »Wahrheit« ist, braucht uns denn doch nichts davon abzuhalten, zu denken, daß es so ist. Haben wir etwas beschlossen, und es tritt nicht ein, so müssen wir auch das beschlossen haben. Dieser Gedanke ist für unser Alltagsbewußtsein schwer zu fassen und zu akzeptieren, da wir uns des Prozesses, der dazu geführt hat, nicht bewußt waren. Bestimmte Subpersönlichkeiten können sogar den Wunsch gehegt haben, an Schmerz und Versagen festzuhalten. In der Psychosynthese sind wir überzeugt, daß wir auf der Ebene des Selbst oder der Seele stets über alles entscheiden, was uns im Leben begegnet.

Wenn wir lernen, uns Schmerz und Kummer bewußt auszuliefern, anstatt immer tiefer darin zu versinken und uns von der Erfahrung überwältigen zu lassen, dann werden wir feststellen, daß uns diese Verhaltensweise ermöglicht, sie schneller hinter uns zu lassen. Doch zuallererst müssen wir uns dem Erleben stellen, es ganz geschehen lassen. Das ist natürlich leichter gesagt als getan, ist es uns jedoch gelungen, so können wir bewußt beschließen weiterzugehen. Dann sind wir nicht mehr Opfer, sondern immer imstande, uns zu fragen: »Welchen Nutzen hat mir die Erfahrung gebracht? Was kann ich daraus lernen?«

Krisen, die wir im Leben durchmachen, drängen uns in Richtung Wachstum, obwohl wir das vielleicht nicht so deutlich erkennen, wenn wir in einer Krise stecken. Krisen treten für gewöhnlich dann auf, wenn uns ein altes Verhaltens- oder Glaubensmuster, das wir besser aufgeben würden, keine guten Dienste mehr leistet. In den meisten Fällen ist es Furcht, die uns davon abhält. So stauen sich die Energien auf, und wenn wir uns dann noch immer einer Veränderung widersetzen, geraten wir in eine Krise. Es ist, als hätte die Krise oder zumindest die Energie, die hinter ihr steht, ihren Ursprung im Überbewußten, das sozusagen bei unserem Ich »anklopft«. Wir können die Tür entweder öffnen oder Widerstand leisten. Je länger wir Widerstand leisten, desto machtvoller wird die Energie, bis sie notfalls die Tür aufbricht. Und dann beginnt für uns eine Lebenskrise.

Neue Energien, die in unser Bewußtsein zu dringen versuchen, müssen zuerst akzeptiert, dann geerdet und zum Ausdruck gebracht werden. Aus Furcht halten wir uns oft zurück. Vielleicht gefallen uns die Dinge, so wie sie gerade laufen, nicht so ganz, doch würden wir eher einem Teufel, den wir kennen, ins Angesicht sehen, als das Risiko auf uns nehmen, das Unbekannte zu entfesseln. So blocken wir den Ausdruck der neuen, aufsteigenden Energien ab, oft aus bloßer Furcht vor einer Veränderung. Die Energie hinter der Krise ist also in Wirklichkeit unsere Überlebensenergie, die im Widerstand gegen die neue Erfahrung gestärkt wurde. Erst wenn wir tief genug in der Krise stekken, erkennen wir, daß im Interesse unseres Überlebens eine Veränderung wirklich notwendig ist. Dann sind wir fähig, die neue Situation zu akzeptieren und unseren Weg fortzusetzen.

Der wichtigste Aspekt dieses Prozesses ist oft nicht so sehr das, was abläuft, als vielmehr unsere Reaktion darauf. Wenden Sie sich also um und sehen Sie der Sache ins Gesicht, worum es sich auch immer handeln mag. Disidentifizieren Sie sich gleichzeitig von der Situation, um sie aus einer anderen Perspektive und in den richtigen Proportionen sehen zu können. Sehen Sie Erfolge wie Mißerfolge als das, was sie sind – Ereignisse auf dem Weg Ihres Werdens zu dem, was Sie eigentlich sind. Entwickeln Sie bei der Betrachtung des einen wie des anderen einen Sinn für Perspektive und Proportion und fragen Sie sich stets: »Welche Entscheidungsmöglichkeiten habe ich? Was kann ich verbessern im Sinne der Entfaltung meines kreativen Potentials?«

Die Umwandlung von Energien

Weigern wir uns, Kummer und Schmerz, Fehlschläge und Krisen in unserem Leben zu akzeptieren, so werden sich Energien in uns aufstauen, die sich irgendwann in unangemessener Weise entladen. So werden wir zum Beispiel übermäßig aggressiv und explodieren beim geringsten Anlaß, der in keinem Verhältnis zu unserer Reaktion steht. Oder wir projizieren unsere Aggression, unsere Angst und unseren Schmerz auf andere Menschen, insbesondere auf Angehörige, Freunde oder Kollegen.

Wir alle neigen in solchen Situationen dazu, unsere Einstellungen, Impulse und Gefühle auf andere zu projizieren. Haben wir zum Beispiel einem Menschen gegenüber feindselige Gefühle, so fällt es nur zu leicht, diese Feindseligkeit auf ihn zu projizieren und zu glauben, nicht wir, sondern er sei aggressiv. Dann gehen wir unsererseits in die Defensive und fühlen uns bedroht. Ein Teufelskreis ist in Gang gesetzt. Erkennen wir, daß etwas Derartiges abläuft, dann müssen wir handeln und »die Projektion zurücknehmen«.

Wir müssen die grundlegende Tatsache akzeptieren, daß alles im Leben von unserer Haltung abhängt. Empfinden wir anderen gegenüber Feindseligkeit oder erkennen (zu

Recht oder zu Unrecht), daß sie uns gegenüber feindselig sind, dann besteht die einzige Möglichkeit, diese Situation zu ändern, darin, daß wir selbst uns ändern. Wir müssen erkennen, daß wir Willensfreiheit haben und beschließen können, wir selbst zu sein, ohne in diesem Zusammenhang Forderungen an andere zu stellen oder unsere Probleme auf sie zu projizieren. Dann sind wir frei, aus einer besser zentrierten Position heraus Beziehungen zu diesen anderen aufzunehmen. Handeln wir in dieser Weise, werden wir oft die Erfahrung machen, daß sich die Lage ändert und der Konflikt seine Lösung gefunden hat.

Es ist oft überraschend festzustellen, wie wirkungsvoll dies sein kann. Das einzige, was wir zu tun brauchen, kann darin bestehen, daß wir dem Betroffenen mitteilen, was wir empfinden. Sind wir ehrlich und sprechen offen über die Ängste, Gefühle und Gedanken, die wir im Zusammenhang mit dem Konflikt oder der Meinungsverschiedenheit haben, dann können wir bemerken, wie die Energie umgewandelt wird. Plötzlich sind wir wieder Freunde, vereint im Los aller Menschen, im Grunde einsam und gleichzeitig mit allen und allem verbunden. Solche Augenblicke echter spiritueller Erkenntnis, die sich aus den einfachsten Handlungen ergeben können, wie zum Beispiel daraus, daß man offen über seine Gefühle spricht, wirken transformierend und bereichernd auf unser Leben.

Der wesentliche Punkt bei all dem ist, daß wir imstande sind, die beteiligten psychischen Energien zu entladen. Dasselbe gilt, wenn wir echte physische Aggression empfinden. Wir brauchen denjenigen, gegen den sie sich richtet, nicht aufzusuchen, um eine Schlägerei zu beginnen. Wir können ganz einfach wild auf ein Kissen einschlagen. Die Befriedigung, die wir daraus ziehen, verbunden mit der echten physischen Entladung der Energien, wird eine Klärung unseres Bewußtseins bewirken. Wir werden imstande sein, unseren Weg mit deutlicheren Wahlmöglichkeiten und sehr vielen neuen und wertvollen Erkenntnissen fortzusetzen.

Übung: Das Hindernis segnen

Setzen Sie sich an einen Platz, wo Sie sich entspannen können, doch nicht so, daß Sie einschlafen. Atmen Sie einige Male tief und zentrieren Sie sich nach der Methode, die Ihnen am besten liegt.

Erinnern Sie sich, bei welcher Gelegenheit Sie in der letzten Zeit Schmerz, Kummer oder Mißerfolg erlebt haben. Lassen Sie sich ganz auf das Erlebnis ein, erinnern Sie sich an die damit verbundenen Gedanken, Gefühle und Empfindungen und erleben Sie sie von neuem. Fühlen Sie intensiv den Schmerz oder Kummer, den Sie erfahren haben.

Nun stellen Sie sich vor, daß Sie aus dem Erlebnis heraustreten und die Umstände Ihrer Erfahrung vor sich ausgebreitet sehen. Sagen Sie laut: »Ich segne all das« (das heißt die Furcht oder was immer Sie als Scheitern oder als schmerzlich empfunden haben).

Widmen Sie sich weiter der Betrachtung der Puzzleteile Ihrer Erfahrung, als wären Sie ein unbeteiligter Beobachter des Kummers, Schmerzes oder was immer es war. Sprechen Sie den Segen mehrmals laut aus. Fühlen und sehen Sie dabei, wie sich die Erinnerung an das Erlebnis wandelt. Lassen Sie es leichter werden und lockern Sie Ihre Verbindungen dazu.

Erkennen Sie, was Sie aus der Situation gelernt haben, und beschließen Sie dann bewußt, Ihren Weg weiterzugehen.

DER KÖRPER UND DAS SELBST

Körper und Psyche können sich durch regenerierende Transformation verwandeln. Sie bewirkt eine organische und harmonische Einswerdung... eine Biosynthese.

Roberto Assagioli

Eines der hauptsächlichen und stichhaltigsten kritischen Argumente, die in der Vergangenheit gegen die Psychosynthese vorgebracht wurden, war, daß sie den physischen Körper ausschließe, ihn nur als Vehikel für Imagination und Erdung berücksichtige. Es gibt jedoch keinen Grund, warum die Psychosynthese Körperarbeit ausschließen sollte. Moderne, mehr ganzheitlich ausgerichtete Psychosynthesetherapeuten und -begleiter verwenden heutzutage eine Vielzahl verschiedener Methoden der Körperarbeit. Dazu gehören sowohl der »traditionellere« Gebrauch des Körpers als Quelle von bildhaften Vorstellungen, über die eine symbolische Befreiung erreicht werden kann, als auch direktere, körperbezogene Techniken, die der Bioenergetik, der integrativen Körper-Psychotherapie und anderen körperorientierten Methoden des Wachstums und der Entwicklung entlehnt werden. Auch Tanz, Massage, Kampfsportarten wie Tai Chi und andere Methoden zur Schulung der »Körperbewußtheit« können in Verbindung mit der Psychosynthese Anwendung finden. Wie auf allen anderen Gebieten der Psychosynthese gibt es auch hier besonders einfallsreiche Therapeuten und Begleiter, die ständig neue, unmittelbar auf die persönlichen Bedürfnisse ihrer Patienten oder Klienten zugeschnittene Wege finden, um Körperarbeit in ihr Programm aufzunehmen.

Es wurde argumentiert, die Übung der »Selbstidentifikation« mit ihrer Affirmation »Ich habe einen Körper, doch ich bin nicht mein Körper« stelle eine Verleugnung des Körpers dar. Das ist keineswegs der Fall. Wird doch die Affirmation in einem Kontext verwendet, in dem Gefühle und Gedanken auf dieselbe Weise behandelt werden. Sie werden nicht verleugnet, sondern sollen direkt erlebt werden, von einem Standpunkt der losgelösten Bewußtheit aus. Von guten Psychosynthesebegleitern wird denn auch stets betont, wie wichtig es ist, sich mit seinen Gedanken, seinen Gefühlen und seinem Körper neu zu identifizieren. Obwohl Menschen, die dazu neigen, »in höheren Regionen zu schweben« und wenig Beziehung zu ihrem Körper zu haben, sich häufig von der Psychosynthese angezogen fühlen, muß betont werden, daß diese eine solche Haltung nicht unterstützt. Die »Selbstidentifikation« schließt den Körper deutlich ein, wenn sie sagt: »Mein Körper ist das kostbare Instrument meiner Erfahrung und meines Handelns auf dieser Welt, doch er ist nicht mein Ich.« In der Tat können wir uns erst dann wirklich von etwas disidentifizieren, wenn wir es zuvor haben. Mit anderen Worten, wenn wir unseren Körper (wie auch unsere Gedanken und Gefühle) nicht hätten, könnten wir uns nicht wirklich von ihnen disidentifizieren und demnach auch keine echte personale Psychosynthese erreichen.

Wir vernachlässigen unseren Körper oft und verweigern ihm seinen Platz als »Tempel unserer Inkarnation«. Nur dadurch, daß wir einen Körper haben, können wir hier auf dieser Welt sein, nur durch ihn können wir sein und tun, was wir zu sein und zu tun beschließen. Die Vernachlässigung des Körpers ist kein Kennzeichen der Psychosynthese, sondern ein Symptom des heutigen Lebens im allgemeinen. Der allgemeine Trend unserer westlichen Gesellschaft schließt bequeme Mahlzeiten und unausgeglichene Ernährungsgewohnheiten ein. Wir hören nicht auf die wirklichen Bedürfnisse unseres Körpers. Oft sind uns äußere Erscheinung und Mode wichtiger als ein wirklich gesunder Körper. Wenn Körpertraining überhaupt stattfindet, ist es meist eher eine Marotte der augenblicklichen Mode als ein wesentlicher Bestandteil gesunder Lebensführung.

Wir vernachlässigen unseren Körper nicht nur, oft genug ist auch unser Bewußtsein in bezug auf unseren Körper verbogen. In der Kindheit werden wir daran gewöhnt, Scham und Schuldgefühle mit unserem Körper und bestimmten Körperfunktionen in Verbindung zu bringen. Wie oft werden Kinder als »schmutzig« bezeichnet, nur weil sie Interesse an den natürlichen Instinkten und Funktionen ihres Körpers bekunden! Wie oft werden Kinder bewußt oder unbewußt zurückgewiesen, wenn sie ihre natürliche Sexualität entdecken! Wie oft wird uns allen der Zugang zu den Freuden verweigert, die die Welt der Sinne für uns bereithält! Doch ist es offenkundig, daß wir uns weder ganz von unserem Körper disidentifizieren noch mit ihm identifizieren können, wenn wir verzerrte Ansichten über unsere körperlichen Funktionen und Empfindungen haben.

Als Kinder sind wir schon in bezug auf unser bloßes körperliches Überleben von unseren Eltern abhängig. Im Grunde wissen wir, daß unsere Eltern ihr Bestes tun, um uns zu lieben und zu beschützen, doch können wir nicht verleugnen, daß sie uns daneben auch physisch und psychisch verletzen. Wir haben Mittel und Wege gefunden, uns gegen diese Verletzung zu schützen. Eine der wirksamsten Methoden, die wir für uns entdeckt haben, bestand darin, daß wir uns eine »Rüstung« zulegten. Diese sollte uns vor physischen, emotionalen und geistigen Verletzungen und Schmerzen schützen, die nicht nur unsere Eltern, sondern auch andere Menschen uns zufügten. Wir hatten diese Rüstung nötig, um uns zu schützen, aber unglücklicherweise tragen wir sie auch als Erwachsene noch. Wir sind in ihr so eingeengt und gefangen, daß wir sie nur ein klein wenig auf einmal anheben können, und auch das nur mit großer Anstrengung.

Die Psychosynthese kann uns lehren, daß wir nicht an diesen Abwehrmechanismen, dieser »Rüstung« festhalten müssen, denn wir sind keine Kinder mehr. Als bewußte Erwachsene können wir uns ohne Furcht vor Zurückweisung oder Mißbilligung dafür entscheiden, zu empfinden, zu fühlen und zu denken. Selbst wenn wir derartige Reaktionen von seiten anderer Menschen erleben, können wir deren Einstellung zur Kenntnis nehmen, ohne uns davon überwältigen zu lassen oder mit Verletzlichkeit zu reagieren. Wenn wir ein bestimmtes Gefühl auskosten wollen, ob es uns nun glücklich oder traurig macht, so können wir das tun, ohne Angst oder Schuldgefühle zu haben. Solange wir durch unser Handeln anderen kein Leid zufügen, sind wir frei von derartigen Einschränkungen.

Wir können selbst alltägliche körperliche Arbeiten wie Putzen oder Kochen mit einer neuen Bewußtheit erledigen, wenn wir lernen, »mehr in unserem Körper zu sein«. Die Psychosynthese kann uns zwar nicht im eigentlichen Sinne helfen, eine Mahlzeit zu bereiten, doch wenn wir die Vision der Psychosynthese vor Augen haben und unsere Arbeit, worin sie auch bestehen mag, aus dem Wissen um diese Vision heraus tun, kann sie uns helfen, zu kochen, zu putzen, zu lieben, zu tanzen, stark zu sein oder auch schwach, je nachdem wie es die jeweilige Situation verlangt. Wir können die Psychosynthesetechniken nicht dazu verwenden, uns der physischen Realität zu entziehen oder uns von ihr zu lösen, vielmehr entscheiden wir uns klar und bewußt, uns mit dieser Realität zu identifizieren und dadurch voll und ganz anwesend zu sein. Das ist vielleicht die deutlichste spirituelle Aussage, die gemacht werden kann. Geist wird in der Psychosynthese sowohl als transzendent als auch als immanent gesehen. Transzendent sein bedeutet, sich »über« die gewöhnliche Alltagswelt zu erheben oder ihre Grenzen zu überschreiten und »den Geist« oder Erleuchtung in Dingen zu suchen, die nicht von dieser Welt sind. Immanent sein dagegen bedeutet, den Geist anzurufen, ihn in die Welt unseres Alltags »herunterzuholen«, um Erleuchtung im Weltlichen zu finden. Auf der »transzendenten Seite« sitzen wir vielleicht gerne und meditieren, doch um die Psychosynthese in unserem Alltag zu leben, müssen wir ein Gefühl für das immanente Selbst in unser Leben bringen. Dann kann all unser Handeln durch Bewußtsein erleuchtet sein.

Die zentrale Aussage der Psychosynthese ist, daß wir Inkarnationen unseres Selbst sind. Durch unser Hiersein in unserem Körper ist unsere Energie verkörpert und erhält ihre Individualität. Wir können unseren Körper nicht verleugnen, ohne unsere Existenz als »kleine Fünkchen des spirituellen Selbst« zu verleugnen. Setzen wir dies voraus, dann ist es für die Psychosynthesearbeit von größter Bedeutung, daß wir unseren Körper in einen Zustand von Harmonie und Wohlbefinden bringen. Dies aber ist uns nur möglich, wenn wir unseren Körper nicht verleugnen, sondern in unsere Arbeit einbeziehen.

Der Zugang zu unseren Emotionen

Zugang zu unseren Emotionen finden wir über unseren Körper, und jede emotionale Erfahrung ist in Wirklichkeit kein intellektuelles, sondern ein körperliches Erlebnis. Es besteht eine ständige Wechselwirkung zwischen unserem Körper und unseren Emotionen. Versuchen Sie, ohne Beteiligung des Körpers Furcht oder Wut zu empfinden! Woher sollten wir die Energie für Flucht oder Kampf nehmen, wenn unser Körper kein Adrenalin ausschütten würde? Können Sie sich Liebe ohne Körper vorstellen? Wie könnten wir unsere Liebe ausdrücken ohne unsere Arme, die den anderen umfassen können?

Aus dem einen oder anderen Grund haben die meisten Menschen einen Überschuß an emotionaler Energie in ihrem Körper angesammelt. Sie kann durch kathartische Techniken freigesetzt werden, und die Psychosynthese verwendet eine Vielzahl solcher Techniken. Entladen wir emotionale Energie durch eine Katharsis, sollten wir jedoch berücksichtigen, daß dies kein Selbstzweck sein darf, sondern als Teil unseres gesamten persönlichen Entwicklungsprozesses zu sehen ist. Die Grundlage der Katharsis ist einfach. Wir durchleben erneut, so realistisch wir können, Begebenheiten und Situationen aus unserer Vergangenheit, die unsere emotionalen Störungen verursacht haben. Erleben wir diese vergangenen Ereignisse mit großer Intensität von neuem, so können wir nun die Emotionen entladen, die wir damals vielleicht nicht loswerden konnten. Auf diese Weise setzen wir einen Teil der in unserem Körper aufgestauten emotionalen Energie frei und lösen damit ein wenig von unserer »Rüstung« auf. Wir können diesen kathartischen Prozeß für jedes Erlebnis mehrmals wiederholen, bis es nicht mehr emotional geladen ist, und uns so aus der Gefangenschaft befreien.

Befreien wir uns jedoch durch eine Katharsis, ohne uns mit den Ursachen des ursprünglichen Traumas auseinanderzusetzen, werden die Symptome zurückkehren, wie dies bei allen Beschwerden der Fall ist. Wir müssen zur Wurzel des Problems vordringen, und hierbei können uns andere Psychosynthesetechniken, wie zum Beispiel die Technik der Visualisierung, von großem Nutzen sein. In der Tat gebrauchen wir beim neuerlichen Durchleben eines Ereignisses unsere Vorstellungskraft, um die damaligen visuellen, auditiven und kinetischen Aspekte neu zu schaffen. Daß es hierbei eigentlich nicht von Bedeutung ist, ob sich die Dinge wirklich genauso zugetragen haben, wie sie in unserer Erinnerung haften geblieben sind, ist deutlich. Es geht darum, daß derjenige, der sie von neuem durchlebt, davon überzeugt ist. Voraussetzung für eine effektive, vollständige kathartische Befreiung ist ein deutlicher Kontakt zwischen Klient und Begleiter. Darunter ist nicht zu verstehen, daß ein tatsächlicher körperlicher Kontakt vorhanden sein muß, doch muß der Begleiter physisch, emotional und geistig ganz für den Klienten gegenwärtig sein, wenn das Gefühl des Wohlbefindens, das sich im Anschluß an die Katharsis einstellt, von Dauer sein soll.

Wann immer wir unser natürliches emotionales Bedürfnis nach Erfahrung und Ausdruck und unsere natürlichen, instinktiven Antriebe verleugnen, erwachsen daraus Angstzustände und Neurosen. Dies gilt in besonderem Maße für verdrängte sexuelle Energie, sei sie nun emotional oder physisch. Verdrängen wir diese Energie, so verlieren wir den Kontakt zu unserer Sensibilität. Dies kann wohl bedeuten, daß wir weniger Schmerz empfinden, wenn wir verletzt werden, doch es bedeutet auch weniger Freude und Lust. Verdrängung hat Spannungen und muskuläre Kontraktion zur Folge. Unser Körper kann sich zusammenziehen, sich versteifen. Soll unsere Psychosynthese insgesamt Erfolg haben, so müssen wir diese Beschwerden nicht nur auf der symbolischen Ebene der Imagination behandeln, sondern auch direkt auf körperlicher Ebene. Wir setzen eine Menge Energie frei, wenn wir verdrängte Emotionen und Empfindungen direkt über den Körper befreien. Es macht uns lebendiger, wirklicher, besser zentriert und verbunden, auf personaler wie auf transpersonaler Ebene. Wir brauchen diese frei fließende Energie, um ein vollständiges, deutliches Gefühl für unser Selbst entwickeln zu können.

Durch direkte körperliche Erfahrung haben wir leichter Zugang zu unseren Emotionen und können sie auch verändern, wenn wir wollen, doch kann natürlich nur die Menge an Energie freigesetzt werden, die wir zuvor angestaut haben. War die Ladung sehr groß und werden wir demnach tief in den Prozeß der Freisetzung verwickelt, können wir Grenzerfahrungen machen, die uns in spirituelle oder transpersonale Bereiche führen. Geschieht dies, so kommen wir über unseren Körper in Kontakt mit unserem Selbst und erkennen, wer wir wirklich sind.

Hier sein

Versuchen wir, uns voll und ganz in unserem physischen Körper zu inkarnieren und uns in der dreidimensionalen Welt auszudrücken, so melden sich Subpersönlichkeiten in uns zu Wort, die nicht in dieser Weise »ganz hier« sein wollen. Manche Subpersönlichkeiten scheinen nicht inkarniert, nicht auf diesem Planeten sein zu wollen. Sie stehen auf dem Standpunkt, daß das Leben schwierig und es daher viel leichter – und sicherer – ist, in einem unbestimmten Zustand zu verharren. Hören wir eine Stimme aus unserem Inneren, die Dinge sagt, wie »Warum muß ich nur hier sein?«, »Ich würde mir am liebsten das Leben nehmen« oder »Ich will zu meiner Mutter«, können wir ziemlich sicher sein, daß sie von einem Teil unserer selbst kommt, der Angst davor hat, sich ganz in diese Welt zu begeben. Subpersönlichkeiten mit derartigen Ängsten können uns davon abhalten, voll und ganz hier anwesend zu sein und unsere wahre Zielsetzung in diesem Leben zum Ausdruck zu bringen.

Es ist wichtig, all die Verhaltensweisen zu erkennen, mit denen wir es vermeiden, ganz zu inkarnieren. Wir müssen auf die Ja-aber-Antworten achten, wo es darum geht, etwas anzugehen, was unser eigentliches Ziel deutlicher kundtun würde. Wie müssen auf die vielen Male achten, wo wir uns nie ganz entschließen können, wo wir es vermeiden, Entscheidungen zu treffen, die uns helfen würden, zu wachsen, uns zu entwickeln und uns deutlicher und vollständiger in dieser Welt zu artikulieren.

Uns unmittelbar über unseren Körper auszudrücken, ist eines der besten Mittel, um weiterzukommen und einen Teil der zurückgehaltenen Energie zu befreien, wenn wir in einem solchen Zustand sind. Das kann dadurch geschehen, daß wir eine zugrundeliegende Blockade ausfindig machen und sie zum Beispiel in Form von Wut oder Klage ausdrücken. Doch oft genügt es, wenn wir uns einfach bewegen – gehen, tanzen, springen, laufen oder was auch immer sonst. Die körperliche Bewegung wird uns mehr Klarheit bringen und uns so helfen, die erforderlichen Entscheidungen zu treffen beziehungsweise zu handeln.

Durch körperliche Arbeit und die Lösung von Energieblockaden im Körper können wir echtes transpersonales Bewußtsein, ein Wissen um unser Selbst zum Ausdruck bringen. Es wurde gesagt, ein neugeborenes Kind sei ganz, in sich vollkommen und frei von Beschränkungen und Furcht. Wir können alles, was wir als Säuglinge wußten und fühlten, in unserem Körper wieder erleben und empfinden. Dazu kann ein unbehinderter Energiefluß, das Gefühl der Verbindung zu unserem Selbst und zur Gesamtheit allen Lebens gehören. Unser Körper mag von seiner Rüstung umschlossen sein, doch wenn wir daran gehen, diese zu lösen, werden wir feststellen, daß unser Körper auch alles Wissen und alles Verstehen in sich trägt, das wir über die transpersonalen oder spirituellen Bereiche haben. Wir können uns über unseren Körper an unsere inneren Wahrheiten erinnern, sie leben und wieder erleben. Wir können dies erfassen, wenn wir zum Beispiel einen Tänzer beobachten, der nicht nur tanzt, sondern zum lebenden Tanz geworden ist. Am besten aber können wir es erfassen, wenn wir selbst zu einem solchen Tänzer werden.

Glauben wir daran, daß ein Teil von uns jenseits unseres physischen Daseins fortbesteht, wieviel wertvoller ist es dann, diese Tatsache unmittelbar über unseren Körper zu erleben, als sie nur in Form eines Gedankengebäudes zu kennen! Körperarbeit im Rahmen der Psychosynthese bietet uns die Möglichkeit, die spirituellen Energien in unserem Leben zu meistern, zu kanalisieren und zu erden.

Es ist eine grundlegende Erkenntnis der Mystik, daß unser Selbst nur in uns selbst zu suchen und zu finden ist. Die echten esoterischen Traditionen betonen, daß dies keine metaphysische Vorstellung, sondern physische Erfahrung ist. In unserem Körper können wir unser Selbst finden. Außerhalb unserer selbst werden wir nur anderes Sein, nicht unser Selbst, nur Illusion, nicht Wirklichkeit, nur Glanz, nicht Wahrheit finden. Und finden wir in uns zu unserem Selbst, so zapfen wir eine unerschöpfliche Quelle kreativer Energie an, die wir mühelos und heilsam nicht nur über unseren Körper, sondern auch durch Emotionen, Gefühle und Gedanken zum Ausdruck bringen können.

Eine weitere grundlegende Erkenntnis der Mystik besagt, daß die einzig existierende Zeit der gegenwärtige Augenblick ist, daß alles »hier und jetzt« ist. Und wo könnten wir letzten Endes anders sein als »hier«, denn begeben wir uns an einen anderen Ort, und jemand fragt uns, wo wir sind, so können wir wiederum nur antworten »hier«! Und wie könnte es eine andere Zeit geben als das »Jetzt«, wenn in jedem beliebigen Augenblick die einzige Zeit, die wir wirklich erleben können, das Jetzt ist! Wir können uns an gestern erinnern, und wir können uns eine Vorstellung von morgen machen, doch auch diese Erinnerung beziehungsweise Vorstellung können wir nur im jetzigen Augenblick erfahren.

Wie immer wir die Erfahrung des Hier und Jetzt auffassen und welche Vorstellungen wir auch davon entwickeln, wir können es nur in unserem Körper wirklich erleben. Wird das Hier und Jetzt unmittelbar erfahren, so wird es zu einem lebendigen Ausdruck spiritueller Wahrheiten. Für den Menschen, der eine solche transpersonale Erfahrung macht, bleibt die Zeit stehen, und der Raum wird physisch lebendig und von Energie durchglüht. So wird die echte mystische Erfahrung zu etwas, was wir nicht denken und fühlen, sondern als physische Wirklichkeit erleben.

Energiezentren

Neben all den östlichen und westlichen Methoden des Wachstums und der persönlichen Entwicklung, die ein Verständnis des Transpersonalen einschließen, macht die Psychosynthese auch Gebrauch von dem Wissen um Energieebenen im Körper, die subtiler sind als die körperlichen. Niemand kann die physische Energie in seinem Körper verleugnen, doch wenn wir anfangen, nach innen zu sehen, werden wir entdecken, daß es dort noch andere Energieebenen gibt. Diese subtilen Energien müssen in unsere Arbeit einbezogen werden, wenn wir ein volles Verständnis unserer selbst erreichen wollen.

Von besonderer Bedeutung bei dieser Arbeit ist es, daß wir in unserem physischen Körper mit diesen Energien in Berührung kommen, die eine Erdung sowohl fördern als auch verhindern können. Viele Menschen, die sich zu einer Beschäftigung mit dem Spirituellen hingezogen fühlen, haben Mühe, Boden unter den Füßen zu behalten und verbringen oft zuviel Zeit »in höheren Regionen«. Eine stabile, tragfähige Basis aber ist Voraussetzung, wenn wir anfangen wollen, uns die subtileren Energien in unserem Körper zunutze zu machen. Die Psychosynthese betont bei ihrer Körperarbeit, wie auch bei all ihren anderen

Techniken und Methoden, die Bedeutung einer eindeutigen, starken Erdung.

In unserem Körper haben wir sieben Hauptenergiezentren oder Chakren. Jedes dieser Chakren ist ein Kraftzentrum im Körper, das an der Erfahrung und am Ausdruck der Energie beteiligt ist, die seiner jeweiligen Funktion entspricht. Sie stehen miteinander in Verbindung, und wir beschreiben sie eigentlich nur gesondert, um die einzelnen Zentren besser verstehen zu lernen. Jedes Chakra in unserem Körper kann ganz oder teilweise geschlossen oder geöffnet sein. Ist ein Chakra ganz geöffnet, so vermittelt es uns Erkenntnisvermögen und Kreativität. Die sieben Hauptchakren des Körpers befinden sich nacheinander am unteren Ende der Wirbelsäule, auf der Höhe der Genitalien, des Solar Plexus, des Herzens und des Kehlkopfes, des weiteren auf der Stirn und oben auf dem Kopf.

Stellen wir uns vor, was geschieht, wenn wir ziemlich schnell Auto fahren, und ein großer Laster schert plötzlich unmittelbar vor uns aus. Die meisten Menschen werden einen Schmerz oder eine sonstige starke Empfindung im Bereich des Solar Plexus feststellen. Es ist die Kontraktion des an dieser Stelle befindlichen Chakras, die wir fühlen. Das Solar Plexus-Chakra hat, wie im übrigen auch alle anderen, zahlreiche Funktionen. So können wir zum Beispiel von diesem Punkt unseres Körpers aus bewußt Energie aussenden, was sich auf folgende Art auswirken kann. Betrachten wir jemanden in irgendeiner Weise als »schlechten« Menschen, so wird er für uns genau das sein. Strahlen wir nun aber aus unserem Solar Plexus Energie aus wie Licht und beginnen, diesen selben Menschen positiv zu sehen, so wird er aus dem Kästchen »befreit«, das wir ihm zugeteilt hatten, und fähig, sich zu entwickeln und zu wandeln. Auch wir selbst werden befreit, denn schließen wir jemanden auf diese Weise ein, legen wir uns selbst dieselben Begrenzungen auf.

Stellen wir uns vor, was wir zuweilen in unserem Herzen fühlen, wenn jemand, den wir lieben, unglücklich oder traurig ist. Es sind Empfindungen »bis in die letzten Fasern unseres Herzens«, und sie sind eine Erfahrung des Herzchakras, das in enger Beziehung mit dem Erleben und dem Ausdruck von Liebe steht. Auf einer anderen Ebene hat das Herzchakra auch zu tun mit dem Gleichgewicht zwischen den Kräften von Willen und Liebe, und es kann nur dann optimal funktionieren, wenn hier ein Gleichgewicht herrscht. Das Herz wird auch in Verbindung gebracht mit »tiefen« Gefühlen und mit Werten wie dem Dienst am Mitmenschen und Altruismus. Es wird gesagt, daß sich in unserem Zeitalter die Menschheit als Ganzes auf ein Erwachen der Werte des Herzens und ein neues Verhältnis zu diesen Werten zubewegen soll.

Ein Aspekt der Chakraenergie, dem besondere Bedeutung zukommt, ist die Dynamik zwischen den drei untersten Chakren, dem Wurzelchakra, dem Sexualchakra und dem Solar Plexus-Chakra. Männer stellen oft eine starke Verbindung zwischen Wurzel- und Sexualchakra her, das heißt sie verbinden Kraft mit Sexualität. Frauen dagegen neigen dazu, das Wurzelchakra stärker mit dem Solar Plexus-Chakra zu verbinden. Im einen wie im anderen Fall ist unsicher, ob dies auf Konditionierung oder auf genetische Faktoren zurückzuführen ist. Es führt zu Verwirrung, wenn diese drei Zentren nicht richtig funktionieren. Die Energie, die die drei erdenden Chakren hierfür benötigen, ist dann verzerrt. Der oben erwähnten Tendenzen wegen neigen Männer mehr dazu, Verzerrungen über ihre Sexualität auszudrücken, Frauen dagegen über ihre Emotionen. Sind wir imstande, zwischen diesen Energien zu unterscheiden, sie »auseinanderzufiseln«, so haben sie den Raum, den sie brauchen, um jede auf ihrer Ebene normal zu funktionieren. Dann kann die Wechselwirkung zwischen ihnen zu einer Freisetzung von Energien führen, die

die Klärung unserer, mit unserem Dasein in dieser Welt, mit Sexualität und mit Kraft zusammenhängenden persönlichen Probleme unterstützt, anstatt sie zu verschleiern.

Das nachstehende Diagramm zeigt die Verbindung zwischen oberen und unteren Chakren und wie sich alle um das Herz gruppieren, das Zentrum des Systems. Das Herz ist auf dieser Energieebene äquivalent mit dem Ich. Sind unsere Energien in dieser Weise über das Herz auf unser Ich oder personales Selbst zentriert, so besteht eine Verbindung zwischen unseren verschiedenen Ebenen, und wir haben die Möglichkeit, uns nach Wunsch auf allen klar und harmonisch zu artikulieren. Das Diagramm zeigt die Bedingungen, die erreicht werden, wenn unser Herzchakra wirklich geöffnet ist. Unsere Persönlichkeit bewegt sich dann um unsere zentrale Identität, unseren Wesenskern, und die Seele wird in unserem Leben deutlich gehört, gesehen und gefühlt.

Übung: Körperempfindungen

Atmen Sie einige Male tief und werden Sie sich der Empfindungen in Ihrem Körper bewußt. Konzentrieren Sie Ihre Wahrnehmung auf Ihren Körper. Fühlt er sich warm oder kalt an? Sind Sie heute schwer oder leicht? Wo fühlen Sie Spannungen und Schmerzen? Wo fühlen Sie sich locker und entspannt? Richten Sie Ihre Aufmerksamkeit so konzentriert wie möglich auf Ihre körperlichen Empfindungen. Beziehen Sie möglichst viele Ihrer Sinne in Ihre Wahrnehmungen ein. Können Sie Ihren Atem oder Ihren Herzschlag hören? Was sehen Sie heute in Ihrem Körper? Haben Sie das Gefühl, daß der Energiepegel in irgendwelchen Körperteilen zu hoch oder zu niedrig ist?

Nehmen Sie eine Empfindung wahr, die damit in diesem Moment für Sie in den Vordergrund rückt, so wenden Sie

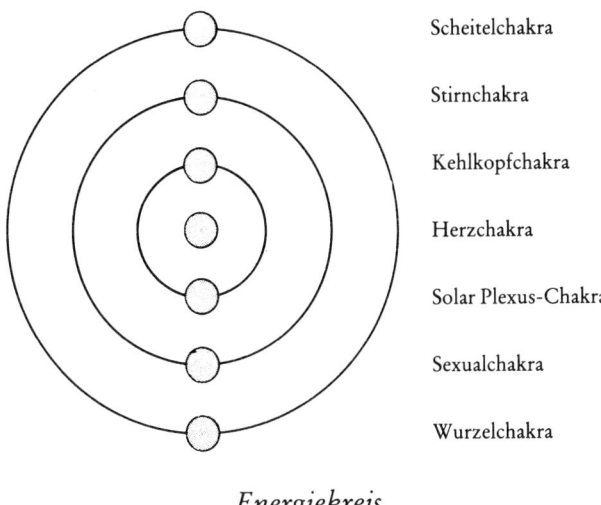

Scheitelchakra

Stirnchakra

Kehlkopfchakra

Herzchakra

Solar Plexus-Chakra

Sexualchakra

Wurzelchakra

Energiekreis

ihr ungeteilte Aufmerksamkeit zu. Hören Sie, ohne sich von ihr in Bann schlagen zu lassen, was sie Ihnen zu sagen hat. Hat Ihr Körper nötig, daß Sie ihn auf eine bestimmte Art strecken oder bewegen? Beobachten Sie all diese Empfindungen sorgfältig und berücksichtigen Sie deren »Botschaften«. Was müssen Sie in Ihrem Leben tun, um Ihr Verhältnis zu Ihrem Körper zu verbessern?

Nun erweitern Sie den Bereich Ihrer Aufmerksamkeit und werden sich Ihres ganzen Körpers bewußt. Achten Sie auf Kälte und Wärme, Kribbeln, Gefühle von Lebendigkeit und Trägheit, von Schmerz und Lust. Gestehen Sie sich zu, Ihren Körper zu fühlen. Empfinden Sie irgendwo Schmerz oder Anspannung, so stellen Sie sich beim Ausatmen vor, daß Sie durch diesen Teil Ihres Körpers ausatmen, und daß Spannung und Schmerz Ihren Körper mit der Atemluft verlassen. Fühlt sich Ihr Körper irgendwo empfindungslos, »tot« an, so stellen Sie sich beim Einatmen vor, daß Sie mit der Atemluft Lebensenergie in diesen Bereich fließen lassen. Fühlen Sie sich insgesamt angespannt und unkonzentriert, so führen Sie sich beim Einatmen Energie zu. Fühlen Sie sich übererregt oder aufgewühlt, so lassen Sie den Überschuß an Energie mit der Atemluft durch Ihre Handflächen abfließen. Verwenden Sie Ihre Vorstellungskraft, um Energie durch Ihren Körper fließen und Sie »heilen« zu lassen.

Zum Abschluß fühlen Sie sich so vollständig, wie es Ihnen irgend möglich ist, »in Ihrem Körper«. Seien Sie ganz und gar in ihrem Körper. Vielleicht stampfen Sie ein paarmal auf den Boden, um die Erde unter sich zu fühlen. Atmen Sie ein und aus und seien Sie sich bewußt, daß Ihr Atem Sie mit der Erde verbindet, Ihnen Wurzeln gibt. Beschließen Sie, während der kommenden Tage genau auf Ihren Körper zu achten und für ihn zu sorgen. Ihr Körper ist Ihr wertvoller Mittler für Erfahrung und Selbstausdruck. Er ist Ihr Tempel, in den zu inkarnieren Sie sich entschieden haben, um Ihren Lebenszweck zu erfüllen. Beschließen Sie, einen so wesentlichen Teil Ihrer selbst mit der Achtung zu behandeln, die ihm zukommt.

LIEBE UND ZWISCHENMENSCHLICHE BEZIEHUNGEN

Wir alle stehen ständig in Verbindung miteinander, nicht nur sozial und auf körperlicher Ebene, sondern auch über den Strom unserer Gedanken und Emotionen, die einander durchdringen... Verantwortungsgefühl, Verständnis, Mitgefühl, Liebe, Nicht-Verletzen – das sind die wahren Glieder für die Kette, die uns verbindet, und sie müssen in unseren Herzen geschmiedet werden.

Roberto Assagioli

Die Psychosynthese beschäftigt sich nicht nur mit dem Individuum, sondern ebenso mit menschlichen Gemeinschaften aller Art. Hierunter fallen unsere Beziehungen mit unseren Eltern und Kindern, unseren Geliebten und Partnern, unseren Freunden und Kollegen und, auf einer umfassenderen Ebene, mit all den Gruppierungen, zu denen wir gehören, und mit der Gesamtheit allen Lebens. Die Psychosynthese, als natürlicher Prozeß verstanden, schließt alles Leben ein, und so besteht eines ihrer Hauptziele darin, die »richtigen Beziehungen« zwischen allen Lebewesen zu schaffen.

In diesem Kapitel wollen wir einige der wichtigsten Aspekte der interpersonalen Psychosynthese betrachten, insbesondere in bezug auf das Individuum und seine primären Beziehungen. Die Prinzipien sind, mit entsprechender Anpassung, im Grunde genommen dieselben, die auch für die anderen Ebenen gelten. Sind wir der Überzeugung, daß wir nicht isoliert sind, sondern Teil einer großen Familie, die alles Leben umfaßt, so teilen wir die Sicht der Psychosynthese. Verfolgen wir dies hinunter durch die verschiedenen Beziehungsebenen, so können wir diese Vision beibehalten – von einer einzigen großen Menschenfamilie zu der Familie, in die wir geboren wurden, und der Familie, die wir später gegründet haben. Die Psychosynthesefamilie ist offen. Sie ermutigt ihre Mitglieder, zu sich selbst zu finden und ihr Wissen und Verstehen durch eine Haltung liebevoller Bewußtheit zum Ausdruck zu bringen.

Die Psychosynthesefamilie ist allen gegenüber offen, sind wir doch alle auf der einen oder anderen Ebene miteinander verbunden. Die Psychosynthesefamilie bezieht ein, anstatt Grenzen aufzurichten, sie ist stark, doch nicht starr, sie nimmt Anteil, doch erstickt nicht. Alle Menschen sind Mitglieder dieser Familie, und sobald sie beginnen, an ihrem Wachstum, an ihrer Entwicklung zu arbeiten, sind sie darüber hinaus aktive, gebende Mitglieder.

Es gibt Zeiten in unserem Leben, wo wir besser für uns bleiben und unsere Energien nicht teilen. Die Psychosynthese ermutigt uns, in solchen Zeiten unser inneres Wissen um diese Dinge zu repetieren und uns nicht schuldig zu fühlen, wenn wir uns für das Alleinsein entscheiden. Zu anderen Zeiten ist uns mehr danach zumute, zu erforschen, wer wir sind und wie wir in unserer Beziehung zu anderen Menschen (und sonstigen Lebewesen) handeln. Die Psychosynthese bietet uns eine reiche Auswahl an Grundgedanken und Techniken, die diesen inneren Prozeß unterstützen und erleichtern. Der beste Weg jedoch, zu erkennen, wie wir uns in zwischenmenschliche Beziehungen einbringen, besteht ganz einfach darin, zu handeln, uns zum Ausdruck zu bringen. Ein großer Teil aller zwischenmenschlichen Beziehungen entwickelt sich durch Erproben. Nur indem wir Risiken eingehen und das Terrain erforschen, können wir wirklich lernen und wachsen und eine aktivere Rolle in unserer »Familie« übernehmen.

Zuweilen artikulieren wir uns keineswegs in der Weise, in der wir es gerne tun würden. Je nach den Reaktionen, die

wir erleben, stellen wir vielleicht sogar jede Art von Äußerung ganz oder teilweise ein oder ändern unsere Richtung
völlig. Dies gilt nicht nur für rein persönliche Situationen,
sondern auch für unser Zusammenspiel mit anderen Menschen. Es gibt Menschen, die einen Großteil der Zeit »still-
gelegt« sind und große Mühe haben, sich überhaupt noch
auszudrücken. Die meisten Menschen unterdrücken viele
und unterschiedliche Aspekte ihrer inneren Welt und bringen nicht ihr gesamtes Wesen zum Ausdruck. Einer der
wesentlichsten Grundgedanken der interpersonalen Psychosynthese besagt, daß der erste Schritt auf dem Weg zum
Erfolg darin besteht, daß wir uns so annehmen, wie wir
sind. Wir haben bereits gelernt, wie wichtig das Annehmen-Können ist. Ist es uns erst gelungen, uns zu akzeptieren, ohne zu richten und zu zensieren, dann können wir
ohne Vorbehalt ganz einfach zum Ausdruck bringen, wer
wir sind. Dann haben wir uns den Weg geöffnet, um uns
sowohl persönlich als auch in unserer Beziehung zu anderen zu wandeln und zu entwickeln.

Das soll jedoch nicht heißen, daß wir keine Geheimnisse
haben könnten oder sollten. Die Psychosynthese respektiert das Stillschweigen. Es kann geschehen, daß wir
Aspekte unseres Wachstums und unserer Entwicklung zu
früh mitteilen und auf diese Weise Energie vergeuden.
Manchmal sprechen wir lediglich aus einem starken Mit-
teilungsbedürfnis heraus, das heißt eher aufgrund einer
»Notlage« als aus dem echten Wunsch heraus, den anderen
einzubeziehen. Unsere verborgene innere Welt muß gehegt und gepflegt und geheimgehalten werden. Entscheiden wir bewußt, daß wir mit jemandem vertraut genug
sind, dann können wir ihm Einblick in einen Teil dieser
unserer Welt gewähren, die durch ihre Kraft und ihre
Erkenntnisse eine unserer größten Stärken sein kann.

Das zweite Grundprinzip der interpersonalen Psychosynthese ist, daß Menschen nicht » etikettiert und in Käst-

chen eingeordnet« werden sollten. Wollen wir, daß andere aufhören, uns in einer bestimmten Weise zu sehen, so müssen wir aufhören, diese Menschen in eben dieser Weise zu sehen. Wie oft ertappen wir uns dabei, daß wir etwas im Sinne von »Du solltest sein wie ich« oder »Du solltest genauso handeln wie ich« äußern, anstatt den anderen zu akzeptieren, wie er ist! Wir können nur zu leicht dahin geraten, unsere Mitmenschen »in Kästchen« zu sehen. Und dann treten wir in Beziehung nicht zu dem Menschen, sondern zu dem Kästchen. Wir brauchen dann auch nicht wirklich »da« zu sein oder das Risiko auf uns zu nehmen, uns zu öffnen, denn haben wir andere einmal in Kästchen eingeordnet, so tun wir genau das auch mit uns selbst. Kästchen aber stehen nicht in dem Ruf, gute zwischenmenschliche Beziehungen untereinander zu pflegen! Zum Glück gibt es auch ein positives Gegenstück: Sind wir bereit, andere als das anzunehmen, was sie sind – ohne Etikett und ohne Kästchen –, dann gewähren wir ihnen den nötigen Raum, uns ebenso zu behandeln.

Manchmal haben wir zu Recht das Gefühl, daß wir einem anderen gegenüber nicht so fordernd sein, ihm mehr Raum, mehr Liebe oder was auch immer geben sollten. Es ist jedoch ebenfalls wichtig, daß wir unsere eigenen Bedürfnisse erkennen und sie offen zum Ausdruck bringen. Dann können wir in eine aktive Wechselbeziehung treten, die beiden Parteien Raum gewährt, Liebe auszudrücken und zu empfangen, vorausgesetzt wir sind bereit, die Antwort auf unser Begehren zu akzeptieren, sei sie nun »ja«, »nein« oder »jetzt nicht«. Übrigens neigen die Menschen dazu, unsere Erwartungen zu erfüllen. Erwarten wir, daß der andere »nein« sagt, dann ist die Wahrscheinlichkeit groß, daß er genau das tun wird. Wir erhalten stets zurück, was wir aussenden – je mehr wir andere etikettieren, desto mehr werden wir selbst mit Schildchen versehen werden. Je höhere Erwartungen wir an andere stellen, desto mehr werden sie von uns erwarten. Und – zum Glück – je mehr wir andere lieben und ihnen erlauben, sie selbst zu sein, desto mehr werden wir geliebt werden und wir selbst sein können.

Erkennen wir den anderen an und respektieren seine Einzigartigkeit und Individualität, so schaffen wir die Bedingungen für echte Liebe. Wir lassen damit auch die Möglichkeit einer Veränderung offen, und genau deshalb scheuen wir oft davor zurück. Wir haben die Vorstellung, daß wir irgendwie zum Verlierer werden könnten, wenn sich die Dinge ändern, und so klammern wir uns hartnäckig an das, was ist, als würde unser Leben davon abhängen. Wir sind sogar bereit, eventuell damit verbundenen Schmerz zu riskieren. Tritt eine Veränderung ein, so ändert sich auch unser Leben. Doch gehen wir das Risiko ein und gestehen dem anderen zu, wirklich er selbst zu sein, ist es wahrscheinlich, daß die Veränderung eine positive sein wird, die unser Leben intensiviert. Das ist natürlich nicht immer leicht, doch wenn wir es wenigstens versuchen, bewegen wir uns in die gute Richtung. Diese Betrachtung führt uns zum dritten wichtigen Grundprinzip der interpersonalen Psychosynthese, nämlich zu der Erkenntnis, daß wir, um geliebt zu werden, nur eines aufgeben müssen – die Idee, daß wir nicht geliebt werden.

Projektion und Wahrnehmung

Wir neigen dazu, all die Ideen, bildhaften Vorstellungen, Phantasien, Gefühle und Gedanken, die wir selbst über andere Menschen und die Welt haben, auf diese anderen Menschen und die Welt zu projizieren. Dies kann bewußt oder auch unbewußt geschehen. So schafft sich jeder seine eigene Realität, die sich, der jeweiligen Projektion entsprechend, von der Realität aller anderen Menschen unterscheidet. So kann zum Beispiel ein bestimmter Hund für den einen emotional ein Trost sein, ein vertrauenswürdiger Gefährte, während genau derselbe Hund für den anderen ein gefährliches Tier ist, dem man besser aus dem Weg geht. Ebenso kann es vorkommen, daß wir uns über etwas ärgern, was ein anderer getan hat, und durch Projektion meinen, dieser andere sei wütend auf uns. So ziehen wir die Energien an, die wir auf andere projiziert haben, und sind überzeugt, daß sich unsere Meinung bestätigt hat.

Es ist von großer Bedeutung, daß wir, wo immer das möglich ist, all diese Projektionen zurücknehmen und direkter mit den Menschen in Beziehung treten. Eine Möglichkeit, Projektionen zurückzunehmen, besteht darin, daß wir anfangen, uns selbst zu respektieren und darauf zu vertrauen, daß unsere Gefühle richtig sind. Dann werden wir fähig, andere Menschen auf dieselbe Weise zu respektieren. Wenn wir uns das Recht zugestehen, zu sein, auch das Recht, zu murren und zu stöhnen, wenn wir das Bedürfnis danach haben, das Recht, wütend oder liebevoll oder was auch immer zu sein, dann schaffen wir den Raum, den wir brauchen, um anderen dieselben Rechte zuzugestehen.

Für jede Beziehung, die sich optimal entwickeln soll, gilt, daß der andere, beziehungsweise die anderen bereit sein müssen, dasselbe zu tun. Und doch ist es eine grundlegende Wahrheit, daß in jeder beliebigen zwischenmenschlichen Beziehung der eine Partner allein eine Änderung herbeiführen kann. Machen wir einen Anfang und handeln in der beschriebenen Art und Weise, so bewirken wir eine Wandlung. Wir sind nicht Opfer anderer Menschen oder äußerer Umstände. Wir sind immer in der Lage, zu ändern, was wir ändern wollen. Eine der besten Möglichkeiten, eine Änderung zu erreichen, besteht darin, daß wir die Differenzen zwischen uns und anderen wahrnehmen, daß wir bereit sind, sowohl das Gute als auch das Schlechte

144

anzuhören, das sie über uns zu sagen haben, und daß wir Rückmeldungen geben, wenn unser Gegenüber sich in einer Weise verhält, die unser wahres Wesen respektiert. Wir können die Probleme, die zwischen uns und anderen auftauchen, auch als Segen behandeln, denn sie geben beiden Parteien die Gelegenheit zu wachsen.

Im Grunde müssen wir jeden Menschen so annehmen, wie er ist, auch wenn wir manche Aspekte seines Verhaltens nicht akzeptieren können. Es besteht ein grundlegender Unterschied zwischen dem, was ein Mensch ist und wie er handelt. Nehmen wir Verbindung auf mit dem, was er ist, so verkehren wir mit ihm eher auf der Ebene seiner Seele als auf der seiner Persönlichkeit. Auf dieser Ebene aber bieten alle Konflikte und Disharmonien Gelegenheit zum Wachstum. Würden wir manche Aspekte unserer Beziehung lieber verändert sehen, so können wir dafür niemand anders wirklich verantwortlich machen als uns selbst. Selbst wenn wir einen echten Grund haben, einem anderen die Schuld zu geben, ist das kein positives Vorgehen. Es richtet lediglich Barrieren zwischen uns und dem anderen auf.

Selbstverständlich besteht unsere persönliche Realität nicht ausschließlich aus Projektionen. Da sind auch viele andere Komponenten. Es wurde gesagt, unsere persönliche Realität sei eine Kombination aus Projektion und Perzeption. In jeder Beziehung müssen wir mit der Realität unserer Wahrnehmung arbeiten. Alles, was wir wirklich tun können, ist, daß wir an unserer Seite der Beziehung arbeiten. Wir leben und wirken durch unsere Überzeugungen und Handlungen. Lernen wir, der Projektion unserer Wut, unserer Traurigkeit oder was es immer sein mag, ein Ende zu setzen, und fangen wir an zu akzeptieren, daß dies unsere und nur unsere Gefühle sind, dann haben wir einen großen Schritt in Richtung auf die Verbesserung unserer Beziehungen getan, ob es sich nun um persönliche oder

Beziehungen sonstiger Art handelt. Wir sind dann in der Lage, die Beteiligten als das zu sehen, was sie wirklich sind, und bewegen uns auf eine Ich-Du-Beziehung zu, die sowohl uns als auch dem anderen die Möglichkeit läßt, sich klarer zu artikulieren.

Der erste Schritt jedoch besteht darin, daß wir unsere Projektionen zurücknehmen. Hierfür gibt es eine einfache Technik. Wir erinnern uns zunächst an eine schwierige Situation mit einem anderen und nehmen uns die Zeit, uns wirklich in diese Situation zu versetzen und sie zu erfühlen. Dann stellen wir uns vor, wir seien unser Gegenüber. Wir stellen uns vor, wie wir die Situation von seinem Standpunkt aus sehen würden. Nachdem wir hierauf einige Zeit verwendet haben, stellen wir uns vor, wir würden dem anderen – wie wir ihn sehen – ein Lasso zuwerfen, mit dem wir unsere Projektionen einfangen und sie langsam zu uns zurück, in das Zentrum unseres Körpers ziehen. Je mehr Kraft wir in die Vorstellung legen, dieses Geschehen sei Wirklichkeit, desto wirkungsvoller ist sie. Wir können beschließen, wirklich und ganz wir selbst zu sein, und dem anderen dasselbe zugestehen.

Wir können uns jedoch nicht immer alleine mit unseren Projektionen auseinandersetzen, sondern müssen uns auch mit dem oder den anderen Beteiligten befassen. Eine weitere Möglichkeit, unsere Projektionen zurückzunehmen, besteht darin, daß wir dem anderen sagen, was wir fühlen (vorausgesetzt, die Beziehung läßt es unserem Gefühl nach zu). Allein schon dadurch, daß wir dies tun, finden wir heraus, was zwischen uns an Negativem steht. Wir müssen die zugrundeliegenden unbefriedigten Bedürfnisse in der Beziehung erkennen, zum Beispiel das Bedürfnis nach Zuwendung oder Liebe. Glauben wir zum Beispiel, im anderen Wut wahrzunehmen, lohnt es sich immer, der Frage nachzugehen, wie wütend wir selbst sind – und uns dann zu fragen, ob wir diese Emotion zum Ausdruck bringen.

Eine Projektion kann oft an ihrer emotionalen Ladung erkannt werden: Wir beobachten nicht einfach die Wut des anderen, sondern wir fühlen uns tief getroffen. Oft wird zu Recht gesagt, daß das, was wir an anderen beobachten, auch in uns vorhanden sein muß, da wir es sonst nicht erkennen könnten.

Das erste Szenario

Das »erste Szenario«, das sich auf all unsere späteren zwischenmenschlichen Beziehungen auswirkt, ist das, was wir in unserer Familie mit unseren Eltern oder Betreuern erleben. Es ist von Nutzen, wenn wir unterscheiden können zwischen dem wirklichen Geschehen und dem, was unserer Vorstellung nach im Rahmen dieser ersten Beziehungen geschehen ist, beziehungsweise was wir einfach annehmen, ohne weiter darüber nachzudenken. Eine Möglichkeit, diesen Unterschied zu erkennen, ist, bei anderen Beteiligten nachzufragen – wenn nötig diskret –, wie sie die Geschehnisse sehen. Was zum Beispiel unsere Mutter in dieser ersten Zeit unserer Beziehung zu ihr wahrgenommen hat, ist ebensowenig »die« Wahrheit wie das, was unserer Ansicht nach stattgefunden hat. Doch können uns verschiedene Perspektiven helfen, uns ein deutlicheres und vollständigeres Bild von diesem »ersten Szenario« zu machen.

Wir können auch unsere Vorstellungskraft zu Hilfe nehmen, um diese frühe Zeit von neuem zu erschaffen und aus ihr zu lernen. Zum Beispiel können wir uns einfach entspannen, unsere Augen schließen und ein Symbol in uns aufsteigen lassen, das unsere ersten Familienbeziehungen repräsentiert. Vertrauen wir darauf, daß dieses Symbol im jetzigen Augenblick das richtige für uns ist, und lassen es dementsprechend, ohne zu urteilen oder zu zensieren, einfach vor unserem geistigen Auge auftauchen, so können wir mit Hilfe dieses Symbols mehr über uns selbst erfahren. Was könnte uns zum Beispiel ein brennenden Haus als Symbol über die Beziehung sagen? Und was könnten wir tun, um es zu ändern? Vielleicht könnten wir das Feuer löschen, oder wir könnten es seinen Gang gehen lassen und das Haus anschließend neu bauen, und zwar besser als es jemals war.

Wir können auch über das erste Szenario meditieren und sehen, was reflektive und rezeptive Meditation zutage fördern. Wir könnten zum Beispiel über die verschiedenen Rollen meditieren, die wir in unserer Familie gespielt haben. Welche Fertigkeiten haben wir in unserer Familie gelernt, die uns als Erwachsenem zugute kommen? Welche Rollenvorbilder haben wir in unserer Familie gehabt, die uns in unserer Gegenwart von Nutzen sind? Was für Rollen haben wir in unserer Familie gespielt, die heute noch von Bedeutung für uns sind (zum Beispiel den Helden, den Friedens- oder Unruhestifter, den Witzbold u. a.)? Finden wir Antworten auf diese Fragen und erweitern wir damit unser Bewußtsein, dann sind wir in der Lage, kreativ nach Möglichkeiten zu suchen, nicht um die Familie, wie sie heute ist, oder die Dinge, die »wirklich« geschehen sind, zu ändern, wohl aber unser Verhältnis zu ihnen. Wir könnten sogar anfangen, an unsere Familie als an etwas zu denken, das wir selbst gewählt haben und das uns genau das gegeben hat, was wir benötigen.

Das erste Szenario bildet die Grundlage für unsere spätere Art, Beziehungen anzugehen. Die emotionalen Muster werden von der Beziehung zwischen Kind und Eltern auf spätere persönliche Beziehungen übertragen. Vielleicht war bei unseren Eltern die Mutter- beziehungsweise Vaterrolle überentwickelt, vielleicht waren sie zu beschützend. Vielleicht waren sie, im Gegenteil, zu streng und einengend. Wir können uns fragen, ob wir dieses

Muster fortsetzen. Vielleicht neigten unsere Eltern dazu, durch ihre Kinder zu leben – durch uns. Wiederholen wir dieses Muster? Vielleicht sind romantische Ideale überentwickelt in uns. Vielleicht ist Sexualität eine Obsession für uns. Wie kamen wir zu unserem Verhalten in Beziehungen?

Wir lernen unser Verhalten in unseren Beziehungen zu anderen von unseren Eltern. War unser Verhältnis zu ihnen klar umrissen, so wissen wir, daß es richtig ist, wenn wir wahrhaft wir selbst sind (und uns selbst lieben), daß es ebenso richtig ist, wenn wir uns ändern (und uns hierzu befugt sehen). War unser Eltern-Kind-Verhältnis nicht so klar definiert, was bei den meisten Menschen der Fall ist, dann zeigen sich bei uns entsprechende Verzerrungen. Wir müssen uns genau fragen, was unsere Eltern uns über Liebe und Macht gelehrt haben. Und wir müssen uns vor Augen halten, daß wir nicht Opfer von »Ungeheuern« sind, deren Ziel es bewußt oder unbewußt war, uns für unser späteres Leben Schmerz und Kummer zu bescheren. Es ist eine allgemeine Wahrheit, daß wir stets so gut und richtig handeln, wie wir es im Augenblick vermögen. Diese Wahrheit gilt auch für andere Menschen, unsere Eltern oder Betreuer inbegriffen. Diese Erkenntnis hat zur Folge, daß wir annehmen können. Und echtes Annehmen – das haben wir bereits gelernt – stärkt unsere Fähigkeit, wir selbst zu sein, wie auch unsere Fähigkeit, sowohl liebevoll als auch willensstark zu sein.

Wie wir Hindernisse segnen können, die sich scheinbar unserem Wachstum entgegengestellt haben, können wir auch unsere Eltern segnen, die für uns getan haben, was sie konnten. Vergebung behebt unseren Mangel an Heil- oder Ganzsein. Vergebung bringt Liebe – dem Menschen, dem vergeben wurde, wie auch demjenigen, der vergeben hat. Vergebung kann es nie genug geben.

Liebe und ihr Ausdruck

Wir können uns selbst und andere entweder aus unserer Verbindung zu unserem Selbst, aus unserem Zentrum heraus lieben, oder aber auf eine unvollständigere Art und Weise, die von einer bedürftigen Subpersönlichkeit ausgehen kann. Es ist nichts dagegen einzuwenden, daß wir auf unvollständigere Weise lieben, solange wir uns nicht so damit identifizieren, daß wir dem anderen oder uns selbst einen schlechten Dienst erweisen. Kommt unsere Liebe jedoch aus unserem Zentrum, können wir objektiver sein, liebevoll, doch nicht hörig, fürsorglich, doch nicht erdrückkend, stark, doch nicht beherrschend.

Aus einer Subpersönlichkeit heraus zu lieben, ist für gewöhnlich mit einer Mangelsituation verbunden, nach dem Motto »Ich liebe dich, weil du mir dies oder jenes gibst«. Oder die Liebe ist an eine Bedingung geknüpft, zum Beispiel »Ich liebe dich nicht mehr, wenn du mir nicht weiterhin dies oder jenes gibst«. Lieben wir dagegen aus unserem Zentrum heraus, so bedeutet dies, daß wir eher agieren als reagieren, daß wir den anderen um seiner selbst willen lieben, für das, was er ist, nicht für das, was er tut, und daß wir fähig sind zu sagen »Ich liebe dich trotz deiner Handlungsweise«. Liebe aus einer Subpersönlichkeit heraus ist im allgemeinen oberflächlicher und launischer im Vergleich zu der tieferen, beständigeren Liebe, die ihren Ursprung in unserem Zentrum hat. Liebe, die aus unserem Zentrum kommt, ist nicht bruchstückhaft, sie ist ganz. Sie ist eine Synthese von Liebe und Willen, Denken, Fühlen und Empfinden. Und so ist sie vollkommen und gibt uns ein Gefühl der Freiheit, nicht der Knechtschaft.

Wir können versuchen, Liebe auf diese Weise zu analysieren, doch sie wird Liebe bleiben. Liebe ist. Kommt sie aus einer Subpersönlichkeit, so mag sie wohl nicht so »ganz« sein, bedürftiger, eher reagierend, doch es ist noch immer Liebe, und wir tragen in uns das Vermögen, sie zu verändern, sie zu wandeln zu einer stärker zentrierten Liebe. Wie bereits besprochen, kann sich eine Subpersönlichkeit wandeln und autarker werden, wenn wir bewußt daran arbeiten, ihre Bedürfnisse zu befriedigen. Gelingt uns dies, so wird auch die Liebe, die diese Subpersönlichkeit zum Ausdruck bringt, autarker werden. Bei Persönlichkeitsanteilen, die wenig oder keine Liebe empfinden, kann das »Element der Liebe« verstärkt werden, und es kann verfeinert werden bei Anteilen, die wohl über ein großes Maß an Liebe verfügen, sie aber verzerrt zum Ausdruck bringen. Es ist ein Grundprinzip aller Psychosynthesearbeit, daß wir Kräfte, die bei uns schwach ausgeprägt sind, stärken und erweitern und solche, die wir im Übermaß besitzen, verfeinern und läutern können.

Wenn wir Liebe bewußt erkennen und zum Ausdruck bringen, werden wir ihre zahlreichen Werte entdecken. Echte Liebe, sei es nun unsere Liebe oder die anderer, gibt uns Kraft für schöpferisches Tun, sie vermittelt uns Einsichten und Vertrauen, sie stärkt und nährt uns und – was vielleicht das Wichtigste ist – sie ermöglicht uns, mehr von unserem wahren inneren Selbst zu entdecken. Oft ist es schwieriger, Liebe zu unserer eigenen Person zu erkennen und auszudrücken als Liebe zu anderen. Doch wird unser Leben soviel reicher und bedeutsamer, wenn wir auch ein wenig Liebe zu uns selbst zulassen. Damit ist nicht gemeint, daß wir narzißtisch in unseren Körper, unsere Emotionen, Gefühle, Gedanken und sogar unsere tiefsten Seelenverbindungen verliebt sein sollen. Es ist vielmehr so aufzufassen, daß wir uns so annehmen sollen, wie wir sind. Akzeptieren wir uns selbst in dieser Weise, dann erkennen wir den Reichtum an Liebe in unserem Inneren und können ihn besser zum Ausdruck bringen.

Liebe allein genügt jedoch oft nicht. Sie muß verbunden sein mit Verständnis. Fehlt dies, so ist die Liebe blind und kann Probleme verursachen, wo sie erlösen will, verkrüppeln und zerstören, wo sie befreien und ermutigen will. Sie kann sentimental werden, anstatt ihr echtes, wahres Wesen zu zeigen. Soll Liebe hilfreich sein, braucht sie Weisheit und Verständnis.

Sehen wir nur unseren eigenen Standpunkt und nicht auch den des anderen, verhindern wir den freien Fluß der Liebe. Setzen wir uns in unnatürlicher, übertriebener oder unangemessener Weise auf Kosten des anderen durch, so blockieren wir alle Liebe. Genau das tun wir auch, wenn wir Vorurteile haben, voreingenommen sind in bezug darauf, wie sich Liebe ausdrücken sollte. Gestatten wir der Liebe dagegen, ganz einfach zu sein, lassen wir sie durch uns hindurchfließen wie durch einen Kanal und arbeiten wir daran, uns zu einem bewußteren und besseren Kanal für diese höheren Energien zu machen, dann wird Liebe zu unserem Erhalt und unserem Heil.

Eine »ideale Beziehung« gibt es nicht, doch jeder von uns kann sich bewußt entscheiden, an der Schaffung einer Realität zu arbeiten, in der wir uns auf dieses Ziel zubewegen, anstatt uns von ihm zu entfernen. In einer idealen Beziehung würden wir uns ganzheitlich einbringen, das heißt mit allen Seiten unserer Persönlichkeit, den lichten wie den dunklen. Wir würden auch den oder die anderen ganzheitlich sehen und ohne Vorbedingungen lieben. Wir würden unseren Schatten als den unseren anerkennen und ihn nicht auf andere projizieren. Unsere Liebe würde keiner Not- oder Mangelsituation entspringen. Auch wären wir bereit zu akzeptieren, daß und wie sich unsere Beziehungen weiterentwickeln. Wir können uns in all unseren zwischenmenschlichen Beziehungen auf dieses Ideal zubewegen, doch wollen wir es zu unserem wichtigsten Augenmerk machen, müssen wir daran arbeiten – nicht weil wir uns dazu verpflichtet fühlen, sondern weil wir es wirklich wollen.

Der sexuelle Aspekt

Es ist nicht sehr sinnvoll, den sexuellen Aspekt einer Beziehung isoliert betrachten und verstehen zu wollen. Wir verstehen Sexualität besser, wenn wir sie als Teil des gesamten Bildes sehen, zu dem auch alle anderen Seiten unserer Beziehung gehören. Selten ist die sexuelle Vereinigung eine rein biologische Angelegenheit, ist sie doch stets verknüpft mit Gefühlen, Emotionen, Gedanken, Phantasien sowie all unseren Widerständen, Neigungen, Ängsten und anderem mehr. Sehr oft wird Sexualität in Beziehungen zum Mittel für andere Zwecke als den offensichtlichen. Sie kann dazu benutzt werden, Probleme oder auch Langeweile zu verhindern, Schwierigkeiten auf anderen Gebieten der Beziehung zu überwinden, Macht über den anderen auszuüben und anderes mehr.

Auf der anderen Seite kann der sexuelle Akt als spiritueller, heiliger Akt des Einswerdens gesehen werden. Kommen eins und eins zusammen, so ergibt das nicht zwei, sondern eine neue, ekstatische Ein-heit. Unsere innere Sehnsucht nach Einssein kann Erfüllung finden durch eine positive Haltung unserer Sexualität gegenüber. Es gibt unzählige Bücher über sexuelle Techniken, doch die bedeutsamste besteht darin, daß wir Bewußtheit in unser Sexualleben bringen. Wir können all die Grundsätze, nach denen wir uns selbst weiterzuentwickeln lernen, auch für die Weiterentwicklung unserer sexuellen Beziehungen einsetzen. Bewußtheit in unserer Sexualität bewirkt, daß große Energiemengen verfügbar werden, die wir verwenden können, wie es uns im Augenblick zweckmäßig scheint. Weise eingesetzt, wird unsere sexuelle Energie weiter zunehmen und kann unsere Psychosynthese unterstützen.

Die meisten sexuellen Probleme fallen unter eine von zwei Kategorien, das heißt, daß man entweder sexuell nicht (oder zu wenig) funktioniert oder aber auschließlich (bzw. zu sehr) sexuell funktioniert. Und wie bei allem, wovon wir zuwenig oder zuviel haben, können auch hier die Prinzipien der Belebung beziehungsweise der Verfeinerung Anwendung finden. Erforschen wir unsere Sexualität unter Anleitung eines Psychosynthesebegleiters, so werden Fragen aufgeworfen wie: Welche inneren Werte stehen hinter den verschiedenen Formen sexueller Beziehungen? Leben wir in unserer Sexualität emotionale Muster aus unserer Vergangenheit aus? Messen wir der Sexualität so große Bedeutung bei, daß unser Selbstbewußtsein von sexuellen Beziehungen abhängt? Sind wir imstande, uns von unserer Sexualität zu disidentifizieren oder uns mit ihr zu identifizieren, je nachdem, was im Augenblick angemessen ist? Welche Bedeutung hat Sexualität für uns? Wie wurde unsere Einstellung zu unserer Sexualität geprägt, insbesondere durch unser erstes Szenario?

Die Frage, wie wir uns in zwischenmenschlichen Beziehungen, darunter auch in sexuellen, zum Ausdruck bringen, ist vielleicht die interessanteste in bezug auf unsere menschliche Existenz. Ihre Beantwortung bietet uns Gelegenheit, uns nicht nur als Einzelwesen kennenzulernen, sondern auch in unserem Zusammenleben mit anderen Menschen. Wir können den Rahmen hierbei so weit ziehen, daß er alle Bewohner unseres Planeten Erde einschließt, oder uns auf uns selbst und unsere engsten Beziehungen konzentrieren. Wie immer wir unsere Liebe und unsere persönlichen Beziehungen zu ergründen suchen, wir können uns dabei sowohl unserer Einzigartigkeit als unserer gegenseitigen Abhängigkeit bewußt werden.

Übung: Beziehungen bildlich dargestellt

Nehmen Sie ein großes Blatt Papier, zeichnen Sie einen Kreis in die Mitte, teilen Sie von diesem Kreis aus die Fläche in vier Rechtecke auf und schreiben Sie in die Ecken dieser vier Kästchen die Namen von vier Menschen, mit denen Sie in einer ständigen Beziehung stehen.

Verwenden Sie den Kreis in der Mitte des Blattes als Konzentrationshilfe und stimmen Sie sich auf Ihr Zentrum ein. Identifizieren Sie sich klar mit Ihrem Ich. Dann wählen Sie eine der vier Personen und fertigen in dem entsprechenden Kästchen eine freie Zeichnung an, die Ihre Beziehung zu dieser Person wiedergibt. Stellen Sie nicht einfach die Person dar, sondern stimmen Sie sich auf Ihre Wechselbeziehung mit ihr ein und versuchen Sie, diese in Ihrer Zeichnung darzustellen. Sie können einen Bleistift oder Farbstifte verwenden, und Ihre Zeichnung kann so einfach oder so komplex sein wie Sie wollen. Wichtig ist lediglich, daß Sie den gegenwärtigen Stand Ihrer Beziehung wiedergibt.

Ist Ihre Zeichnung fertig, so stimmen Sie sich von neuem auf Ihr Zentrum ein (den Kreis in der Mitte). Dann nehmen Sie sich das nächste Kästchen vor und stellen Ihre Beziehung mit der darin aufgeführten Person dar. Verfahren Sie ebenso mit den verbleibenden Kästchen.

Stimmen Sie sich für einige Zeit auf Ihr Zentrum ein und betrachten Sie dann die vier Zeichnungen, um Unterschiede und Gemeinsamkeiten zu erkennen. Sie können auf Farbe, Schattierung, unterbrochene und durchgehende Linien, Formen und Muster achten sowie auf die deutlicher erkennbaren Bildinhalte. Vielleicht möchten Sie andere zu dieser Arbeit hinzuziehen, eventuell eine oder mehrere von den Personen, mit denen sich Ihre Zeichnungen auseinandergesetzt haben.

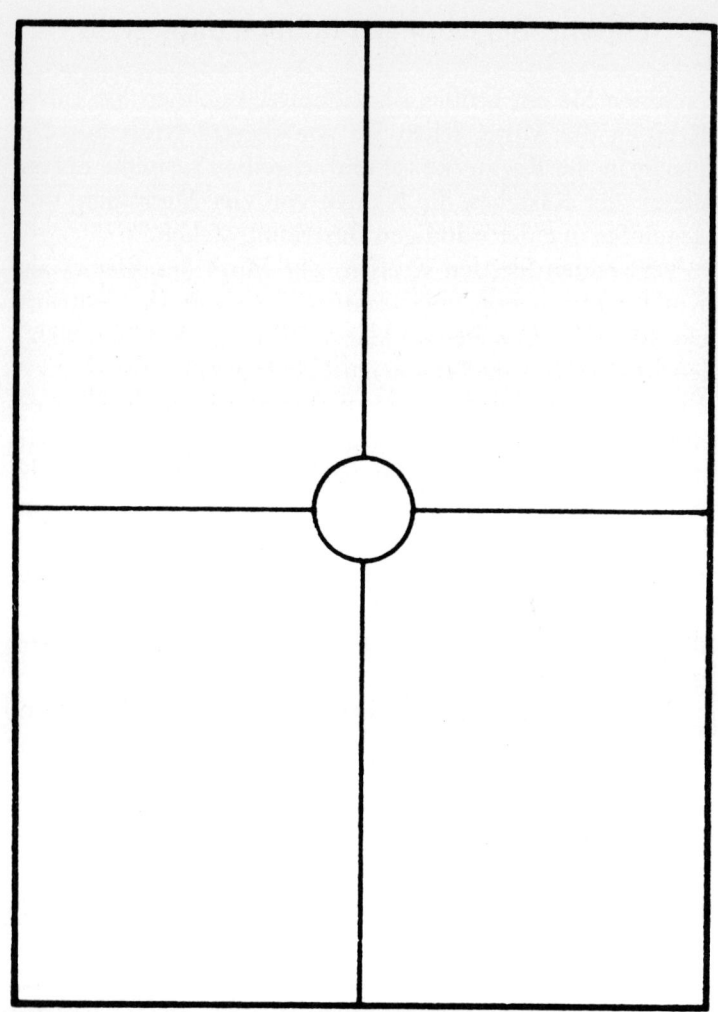

Vier Beziehungen

DER GEIST DER SYNTHESE

Schlimmes beeinträchtigt die Menschheit in unserer Zeit und weckt den Impuls, zu helfen und zu heilen. Wir wollen diesen Impuls fühlen und ihm gehorchen. Wir wollen erkennen, welchen Beitrag wir leisten können zur Schaffung einer neuen Zivilisation, die sich kennzeichnet durch harmonische Integration und Zusammenarbeit, durch den Geist der Synthese.

Roberto Assagioli

Wir haben gesehen, wie die Psychosynthese, auf zwischenmenschliche Beziehungen angewandt, zum Leben erwacht und zu Einsichten führt, die wir zu ihren wesentlichsten zählen können. Ebenso werden wir erkennen, daß ihr eine wichtige Rolle zukommt in bezug auf die wechselseitige Abhängigkeit, die zwischen allen lebenden Geschöpfen besteht. Niemand existiert isoliert, haben wir doch alle komplexe Beziehungen zu anderen Menschen, anderen Lebewesen und unserer Welt im allgemeinen. Auf diese Weise sind alle voneinander abhängig. Betrachten wir die Gesamtheit allen Lebens unter diesem Gesichtspunkt, so erkennen wir die harmonische Koexistenz der Welt und all ihrer Geschöpfe als Mitglieder einer einzigen großen Familie zumindest als Möglichkeit. Auf spiritueller Ebene können wir uns das transpersonale Selbst als das vorstellen, was all die individuellen Teile umfaßt, aus denen sich das kollektive Ganze allen Seins zusammensetzt, ein Ganzes, das über die individuellen Teile hinausgeht. Es ist ein allgemeiner Grundsatz der Psychosynthese, daß das Ganze größer ist als die Summe seiner Teile.

Stehen vier Leute ganz einfach um einen schweren Gegenstand herum und versuchen, ihn hochzuheben, so gelingt ihnen das vielleicht, doch es erfordert viel Anstrengung, und der Vorgang wirkt unbeholfen und unkoordiniert. Stimmen sie jedoch, bevor sie den Versuch machen, ihre Atmung aufeinander ab, zählen bis zehn und heben das Gewicht dann im selben Moment gemeinsam an, werden sie feststellen, daß es sich auf diese Weise bemerkenswert leicht heben läßt. Daran ist nichts Geheimnisvolles oder Magisches. Die vier Leute, die gemeinsam, aber unkoordiniert versuchen, den Gegenstand anzuheben, entsprechen der »Summe der Teile«. Ihre gemeinsame Kapazität ist die Summe der Kapazität der Beteiligten, abzüglich dessen, was dadurch verloren geht, daß sie sich nicht zu einer »Hebeeinheit« zusammengeschlossen haben. Unternehmen sie die Schritte, die erforderlich sind, um ihr Tun zu integrieren, so werden sie zum »Ganzen, das größer ist als die Summe seiner Teile«. Machen Sie den Versuch gemeinsam mit einigen Freunden, und Sie werden feststellen, daß das Anheben nicht nur leicht geht, sondern daß dabei auch viel Energie freigesetzt wird. Was vorher Anstrengung war, wird nun Vergnügen.

Wir alle bilden solche Gruppen, um unsere verschiedenen Aufgaben im Leben zu erfüllen. Zu diesen Gruppen gehört unsere Familie; dazu gehören auch lokale Gruppierungen, die an unserem Heimatort bestimmte Ziele verfolgen, Arbeitsgruppen, soziale Schichten, Vereinigungen verschiedenster Art, Nationen etc., bis hin zu dem, was wir die menschliche Familie nennen, und weiter zu der Gruppe, die alles Lebendige umfaßt. Gelingt es uns, das Prinzip der Synthese auf alle Gruppen anzuwenden, zu denen wir gehören, so werden wir bemerken, daß unsere Aufgaben leichter werden, und daß positive Energie freigesetzt wird, die nicht nur der beteiligten Gruppe, sondern auch anderen mit ihr verbundenen zugute kommt.

Dieses Unterfangen ist jedoch selten einfach. Konflikte entstehen zwischen den einzelnen Mitgliedern einer Gruppe und zwischen den Gruppen untereinander. Sie sind denen nicht unähnlich, die sich in unserem Inneren abspielen. Die Persönlichkeit des Individuums setzt sich aus verschiedenen Subpersönlichkeiten zusammen. Die Mitglieder einer Gruppe können mit solchen Subpersönlichkeiten verglichen werden. So können die Methoden und Techniken, die die Psychosynthese zur Harmonisierung der inneren Welt verwendet, ebenso auf die äußere angewandt werden. Die Sehnsucht nach Vereinigung, die wir im Innern unseres Wesens empfinden, ist auch äußeren Gruppen und Umständen eigen.

Haben wir diese Verbindung hergestellt, beginnen wir zu erkennen, daß das Selbst die Vielfalt aus der Einheit schafft, um allen Geschöpfen die Möglichkeit zu geben, auf ihre ganz eigene Weise die Einheit zu erkennen, aus der sie kamen und zu der sie zurückkehren werden. Wir sind um der Liebe willen getrennt, denn in der Liebe finden wir uns selbst wieder. Und indem wir uns selbst finden, entdecken wir, daß die Trennung eine Illusion war. Wir haben die Möglichkeit, von diesem Punkt der Trennung aus eine Einheit mit einem anderen zu bilden, mit ihm zusammenzufinden, um eins zu werden, oder sogar mit allen Geschöpfen zusammenzufinden, um ein allumfassendes Einswerden zu verwirklichen. Ohne Trennung wäre eine solche Erkenntnis nicht möglich. Doch während wir in dieser Illusion der Dualität leben, können wir dadurch, daß wir uns deutlich bewußt sind, daß all unser Tun aus dem Herzen kommt, dazu beitragen, mehr Schönheit und Harmonie in diese Welt zu bringen. Wir helfen dann, die Summe allen Lebens auf ihr letztendliches Ziel zuzubewegen, das heißt auf die höchste Synthese, in der alles Leben zusammenfindet und ein Ganzes bildet, das alles umschließt und die individuellen Teile transzendiert.

Es muß betont werden, daß dies keine »mystische« Sicht des Lebens ist oder der Stellung, die das Individuum innerhalb der Entwicklung des Universums innehat. Niemand würde die Realität einer mystischen Erfahrung leugnen wollen, die das Individuum von seiner irdischen Existenz löst und dazu führt, daß es in einem Zustand der Glückseligkeit vorübergehend äußere Realität und Umgebung vergißt. Lassen wir uns jedoch von derartigen Erfahrungen in Bann ziehen, geraten wir in eine Falle. Die Psychosynthese betont stets, wie wichtig es ist, dies dadurch zu vermeiden, daß wir alle transpersonalen Energien mit zurück in unsere »gewöhnliche Welt« bringen, um sie zu erden und nach Möglichkeiten zu suchen, ihnen in dieser Welt zum Ausdruck zu verhelfen.

Die mystische Erfahrung sollte nicht als Endziel gesehen werden, sondern als Schritt auf dem Weg, als etwas, woraus das Individuum, dem das Glück einer solchen Erfahrung zuteil wird, kreative Energie und Begeisterung schöpfen kann. Echte mystische Erfahrung ist mit dem Wunsch verbunden, in die Welt zurückzukehren, um die höheren Energien zum Ausdruck zu bringen und den Mitmenschen zu helfen, damit auch sie an dieser Erleuchtung teilhaben können. Der »Mystiker«, der hiervon ausgeschlossen bleibt, hat »den Zug verpaßt«, der uns alle, ohne Rücksicht auf unsere jeweiligen Erfahrungen, dem höchsten Ziel der bewußt und gemeinsam erfahrenen Einheit entgegenträgt.

Die zweite Falle besteht darin, zu glauben, es sei damit getan, daß man einen Zustand der Glückseligkeit erreicht oder ein Gefühl der Erleuchtung empfunden hat. Nach der Erfahrung aller großen Mystiker ist Erleuchtung weder ein Ziel an sich, noch kann sie von Dauer sein. Nichts bleibt jemals gleich, alles wandelt sich, und auch ein Zustand der Erleuchtung bildet keine Ausnahme von dieser kosmischen Regel. Alles Leben ist in ständiger Bewegung und erneuert sich in jedem Augenblick. Hören wir auf, uns zu bewegen, so sterben wir (und selbst dann ist der Stillstand eine Illusion, denn im Tod werden wir zumindest den Zerfall unseres Körpers und die Rückkehr in einen Zustand reiner Energie erleben). Jede Offenbarung muß geerdet und zum Ausdruck gebracht werden. Aus der Sicht der Psychosynthese ist derjenige der wahre Mystiker, der daran arbeitet, die Energien, die er angezapft hat, zum Ausdruck zu bringen, und nicht derjenige, der in Verbindung mit ihnen bleibt und dem nichts zu sagen, zu tun oder zu fühlen bleibt.

Das Prinzip der Synthese

Das Prinzip der Synthese, nämlich, daß das Ganze mehr ist als die Summe seiner Teile, ist wert, nochmals hervorgehoben zu werden. Betrachten wir ein Gemälde und zergliedern es in seine Komponenten, so entdecken wir vielleicht verschiedene Farbschattierungen, den Pinselstrich, Schatten und Licht, Gestalten und Hintergrund und vielleicht Szenen, die es darstellt, Bäume, Menschen, Orte . . . Doch um das Gemälde als großes Kunstwerk erkennen zu können, müssen wir es als Ganzes sehen. Das durch Synthese der Komponenten zustandegekommene Ganze geht über jede einzelne von ihnen und alle zusammen hinaus, vielleicht sogar über das ursprüngliche Konzept des Künstlers.

Bei der psychologischen Anwendung dieses Prinzips der Synthese betonen wir, daß es wichtig ist, jeden Teil in sich »ganz« zu machen, ehe er in eine echte Synthese mit anderen Teilen eingehen kann. Ist eine unserer Subpersönlichkeiten nicht »ganz«, hat sie Probleme mit unserer innersten Zielsetzung, hat sie ungehörte und ungestillte Bedürfnisse, sind ihre wahren Qualitäten verdeckt, wie soll sie dann ihren Platz als Teil der Gesamtpersönlichkeit einnehmen können, ohne Disharmonie zu verursachen? Daher ist es so wichtig, daß unsere Arbeit an unserer Persönlichkeit nicht zu kurz kommt, ist diese doch letzten Endes das »Vehikel«, über das wir unsere tiefinnersten spirituellen Wahrheiten ausdrücken.

Die Synthese ist ein organischer Prozeß. Wir können sie nicht veranlassen oder erzwingen. Das einzige, was wir tun können, ist, mit diesem Prozeß zu kooperieren und seine organische Entwicklung zu unterstützen. Eine Möglichkeit, einen Schritt auf die Verwirklichung des Potentials hin zu tun, das wir alle in uns haben, besteht darin, daß wir daran arbeiten, die Gegensätze in uns ins Gleichgewicht zu bringen und ihre Synthese zu bewirken. Sind Sie ein Mann, dann können Sie daran arbeiten, Ihre »weibliche Seite« hervorzuheben, um mehr Harmonie und Ausgewogenheit zu schaffen. Sind Sie ein Idealist, dann wäre es vielleicht im Sinne einer ausgewogenen Persönlichkeit gut, wenn Sie Ihre praktischen Seiten stärken würden. Sind Sie dem spirituellen Weg zugetan, könnte ein bißchen Sinnenfreude Ihre Bürde eventuell leichter machen. Jedes Individuum hat seine eigenen inneren Zusammenhänge, seine eigene innere Welt der Gegensätze. Es ist Aufgabe der Psychosynthesearbeit, diese Gegensätze in uns aufzudecken, so daß wir sie ins Gleichgewicht bringen und zu einer eindeutigeren Synthese kommen können.

Stehen Sie auf sehr vertrautem Fuß mit Ihren Geisteskräften, sind Sie in der Welt des Intellekts zu Hause, so haben Sie vielleicht den Wunsch, mehr Beziehung zu Ihrer Gefühlswelt zu entwickeln. Hat in Ihrem Fall die geistige Seite – bildlich gesprochen – die Größe eine Fußballs und die Seite des Gefühlslebens die eines Tennisballs, so zielt die Synthesetechnik *nicht* darauf ab, die geistige Seite auf die »Tennisballgröße Ihrer Gefühle« zu reduzieren. Im Gegenteil soll die Seite des Gefühlslebens gestärkt werden, bis sie es mit Ihren geistigen Fähigkeiten aufnehmen kann.

Gleichzeitig könnte die geistige Seite verfeinert werden, um sie in sich klarer und harmonischer zu machen. Zur Synthesearbeit gehört daher, daß wir in einem kontinuierlichen Prozeß die schwächere Seite eines jeden Gegensatzpaares stimulieren und die stärker entwickelte läutern.

Ein weiterer Grundsatz der Psychosynthese besagt, daß ein Konflikt niemals auf der Ebene gelöst werden kann, auf der er sich abspielt. Nehmen wir das Beispiel von zwei Subpersönlichkeiten, die uneins darüber sind, ob ein bestimmter, in unserem Leben anstehender Beschluß gefaßt werden soll oder nicht. Der Streit wird solange weitergehen, wie wir uns auf seiner Ebene bewegen. Beide Parteien kämpfen um ihre Rechte oder sogar um ihr Überleben. Und jede Partei weiß ganz genau, was für uns am besten ist, und wird – verflixt nochmal – dafür sorgen, daß wir tun, was sie für richtig hält. Betrachten wir die Sache jedoch von einer anderen Ebene aus, gelingt es uns vielleicht, die Schwierigkeit zu überwinden. Nehmen wir an, ein Teil von uns möchte ausgehen, und zwar jetzt gleich, und ein anderer möchte zu Hause bleiben. Es könnte sein, daß wir von einem dritten Punkt aus, von dem wir mehr Überblick haben, einen Kompromiß finden können – zum Beispiel, daß wir zunächst zu Hause bleiben und später ausgehen.

Haben wir uns so von beiden Konfliktparteien disidentifiziert, dann haben wir uns, wenn auch nicht unmittelbar zum »Ort« unseres Selbst, so doch in einen freieren Raum bewegt. Wir sind nicht länger in den Konflikt auf dessen eigener Ebene verwickelt. Von unserem neuen Standpunkt aus können wir uns um eine Synthese bemühen. Wir könnten uns zum Beispiel fragen, wie es wäre, wenn die beiden Parteien nicht nur zu einem Kompromiß finden, sondern tatsächlich zusammenkommen könnten. Dies kann, zumindest zum Teil, dadurch erreicht werden, daß wir uns nicht zu sehr darauf versteifen, die individuellen Wünsche der beiden zu erfüllen, sondern herauszufinden versuchen, was ihre wirklichen Bedürfnisse sind. Dadurch bewegen wir die streitenden Parteien ein wenig auf die Einheit zu, auf das vereinigende Zentrum, das unser Selbst ist.

Eine solche Synthese ist nicht nur möglich, sie ist auch wünschenswert. Wir können zugleich liebevoll und stark sein, intuitiv und logisch, spontan und diszipliniert, idealistisch und praktisch, spirituell und sinnenfroh. Bringen wir die Gegensätze zusammen, so werden wir im allgemeinen feststellen, daß auch hier wieder das Ganze größer ist als die Summe seiner Teile. Eine neue Wirklichkeit ist entstanden. Ich bin noch immer liebevoll, doch nun kann ich, wenn nötig, auch stark sein und brauche nicht mehr zuzulassen, daß die Leute ein leichtes Spiel mit mir haben und meine Gutmütigkeit ausnützen. Ich kann noch immer spirituell sein und sogar besser als zuvor imstande, meine Verbindung zum Transpersonalen zum Ausdruck zu bringen, und zwar nicht trotz, sondern wegen meiner neuen Beziehung zur Welt der Sinne.

Wirken wir im Sinne der Synthese in unserem Leben, finden Teile unserer Persönlichkeit in einem neuen Verhältnis zueinander, oder kommen wir einem Menschen oder einer Sache in dieser wahrhaft vereinigenden Weise näher, dann wachsen wir nicht nur als Individuen, sondern tragen insgesamt zum Wachstum aller fühlenden Wesen bei. Darüber hinaus setzen wir Energien frei, die vorher blockiert, in Konflikte eingebunden waren und die wir nun kreativ verwenden können. Je näher wir unserer personalen Synthese kommen, desto näher bringen wir die gesamte Schöpfung ihrer universalen Synthese.

Kollektive Verantwortung

Alles, was wir in unserem Leben tun, hat Auswirkungen, nicht nur für uns selbst, sondern für alles und jeden. Die Zeiten liegen nicht weit zurück in unserer menschlichen Geschichte, wo es sowohl in moralischer als auch in praktischer Hinsicht undenkbar erschienen wäre, daß Menschen, selbst die gesamte Menschheit, spürbare Auswirkungen auf unseren Heimatplaneten haben könnten. Doch nun erkennen wir, daß nicht nur gar alles, was wir tun, Folgen hat, sondern daß all das, was wir Menschen so gedankenlos und egoistisch tun, das Leben aller Geschöpfe unserer Erde in Gefahr bringen kann. Wir haben uns zu den »Bewohnern des Planeten« entwickelt, und um diesem Stand unserer Entwicklung gerecht zu werden, müssen wir die Verantwortung für unser persönliches Tun wie für das der menschlichen Gattung als Ganzes übernehmen. Alles, was wir tun, kann enorme Auswirkungen haben, ob wir nun auf den Knopf einer Spraydose drücken oder unsere Augen und Ohren vor dem Los zahlloser Mitmenschen schließen, nicht zu reden von dem noch viel traurigeren Los anderer Lebensformen auf diesem Planeten, die dasselbe Daseinsrecht haben wie wir.

Unser Wissen um das, was in der Welt um uns her vor sich geht – Kriege, Krankheit und Leiden, Uneinigkeit und ökologisches Ungleichgewicht –, und unser Gefühl der Unzulänglichkeit kann uns zu der Überzeugung bringen, daß wir als Individuen nichts dazu beitragen können, auf der Welt irgend etwas in Bewegung zu bringen. Finden wir jedoch Zugang zu unserem innersten Wesen, unserem Selbst, so erkennen wir, daß wir mit allem und jedem verbunden sind. Wir sind Teil eines kollektiven, allumfassenden und liebenden Bewußtseins. Die Erkenntnis, daß wir Teil dieses Ganzen sind, macht uns deutlich, daß alles, aber auch alles, was wir tun, in der Tat Bedeutung hat.

Einige der Verbindungen eher spiritueller Natur, die wir im Rahmen der Psychosynthesearbeit herstellen, können uns verdeutlichen, daß nicht nur der Mensch, sondern auch alle anderen Lebensformen Teil eines in sich zusammenhängenden und unteilbaren Energiefeldes sind. Die meisten Menschen wähnen sich während eines Großteils ihres Lebens isoliert und ohne Verbindung. Doch machen wir uns daran, die tieferen Aspekte unseres Seins zu erforschen, so entdecken wir die zugrundeliegende Wahrheit dieses Zusammenhangs. Wir sind vielleicht nicht imstande, ständig »dort«zu sein, und vielleicht wäre das auch nicht einmal gut für uns, doch haben wir einmal erfaßt, daß es dieses »Dort« wirklich gibt, haben wir es einmal wirklich selbst erfahren, dann gibt es für uns keinen Weg zurück. Wir haben unseren Blick auf die Klarheit, den Sinn und den Zusammenhang gerichtet, die aus einer solchen Erkenntnis erwachsen, und so versuchen wir, jeden Schritt, den wir tun, zu einem Schritt in diese Richtung zu machen.

Haben wir erfaßt, daß wir mit allem und jedem verbunden sind, so ändert sich unsere Sicht von Raum und Zeit. Sind wir doch mit einer Ameise auf einer fernen Insel im Südpazifik nicht weniger verbunden als mit unserer eigenen Nase! Mag diese Erkenntnis uns Menschen auch höchst seltsam erscheinen, wir können einen Anfang machen und unseren Blick in diese Richtung lenken. Wir können in uns einen Sinn für dieses globale Bewußtsein kultivieren. Wir können erfassen, daß unser persönliches Bewußtsein ein kleiner, aber bedeutsamer Teil des gesamten Bewußtseins allen Lebens auf unserem Planeten ist.

Viele der Übungen und Techniken, von denen die Psychosynthese Gebrauch macht, können uns wenigstens eine leise Ahnung von dieser Erkenntnis vermitteln und – was vielleicht noch wichtiger ist – uns helfen, sie in unserem Alltagsleben zu erden. Eine solche Erdung hilft uns, so zu handeln, daß wir das kollektive Bewußtsein auf einem positiven Weg der Entwicklung vorantreiben. Es ist keine Übertreibung, wenn wir sagen, daß eine noch so geringe Handlung eines einzigen Individuums zu irgendeinem Zeitpunkt weitreichende Auswirkungen haben kann. Ist uns an anderen gelegen, sowohl an den anderen im unmittelbaren Bereich unseres Wirkens und unserer Wahrnehmung, als auch ganz allgemein an allem Belebten und Unbelebten, so erden wir dieses Bewußtsein. Wir erden es ebenso, wenn uns an unserer Umwelt gelegen ist, an der unmittelbaren wie an der weiteren, globalen. Jedes bewußte Handeln aus dieser Haltung der liebenden Verbundenheit heraus fördert die Sache der globalen Erkenntnis. Wir können noch viele weitere Möglichkeiten finden, diese Sache zu unterstützen, und eine jede von ihnen wird unsere Erfahrung bereichern. Vielleicht wird solche Erkenntnis, solche Bewußtheit Abhilfe für einige der Übel zu schaffen vermögen, die nicht nur unsere individuelle Existenz bedrohen, sondern die Existenz allen Lebens auf diesem Planeten.

An irgendeinem Punkt in der Zeit

Vielen von uns wurde während der Schulzeit eine äußerst irreführende Sicht der Evolution vermittelt. Es wurde uns entweder direkt gesagt oder zumindest suggeriert, der Mensch sei die Apotheose oder der Höhepunkt der Evolution. Alles, was vor dem Menschen war, hatte ganz einfach den Zweck, zur menschlichen Gattung hinzuführen, und indem sie uns schuf, hatte die Evolution ihre Aufgabe erfüllt. Den gesamten evolutionären Prozeß konnte man danach in einen Tag von vierundzwanzig Stunden zusammendrängen. In diesem Modell erscheint das Leben überhaupt so gegen Mittag, und die gesamte Geschichte des Menschen findet in den letzten fünf Minuten vor Mitternacht statt. Dieses interessante aber falsche Bild der Evolution suggeriert, daß wir irgendwie »das Ende« sind. Was aber nun ganz genau geschehen soll, wenn es Mitternacht schlägt, wird nicht gesagt.

Ein besseres Modell erhalten wir, wenn wir die erwartete Lebensdauer der Sonne mit einem Vierundzwanzig-Stunden-Tag gleichsetzen. Sie wird im allgemeinen auf etwa zwanzig Milliarden Jahre geschätzt. Nach diesem Modell ist es jetzt etwa acht Uhr morgens, und Leben auf der Erde hat es erst in den letzten paar Sekunden gegeben. Die gesamte menschliche Existenz beläuft sich demnach bis jetzt auf den Bruchteil einer Sekunde so gegen acht Uhr morgens. In diesem Licht gesehen, nimmt die Evolution andere Proportionen an.

Nun wäre es durchaus denkbar, daß wir bei der Betrachtung dieses zweiten Modells des Evolutionsprozesses sagen: Worum machen wir uns eigentlich noch Gedanken? Wenn wir ein so kleines, unbedeutendes Augenblicksereignis auf unserem Planeten sind, was macht es dann aus, wenn wir uns selbst und alles Leben mit uns zerstören? Das Ganze ist doch nur eine Sache von wenigen Sekunden eines ganzen langen Tages. Der Planet wird überleben und ohne uns weiterbestehen, und wenn wir Glück haben, wird er sich vielleicht sogar herablassen, uns noch eine Chance zu geben!

Andererseits, warum sollten wir uns nicht doch Gedanken machen? Blicken Sie aus dem Fenster. Sehen Sie ein Stück blauen Himmels. Lauschen Sie dem Gesang der Vögel im Wald. Berühren Sie mit Ihrer Hand eine andere Hand. Fühlen Sie das Wunder des Lebens, das in jedem Augenblick enthalten ist. Warum sollten wir uns nicht doch Gedanken machen? Schließlich sind wir in wenigen Sekunden dahin gekommen, wo wir jetzt stehen. Sollten wir nicht sehen, was wir aus den nächsten ein oder zwei Stunden machen können?

Übung: Der innere Führer

Entspannen und zentrieren Sie sich wie gewohnt. Stellen Sie sich vor, Sie stehen auf einer Wiese. Die Sonne scheint, und Vögel singen. Verwenden Sie einige Zeit darauf, deutlich zu fühlen, daß Sie auf dieser Wiese sind. Achten Sie darauf, was Sie hören, sehen und fühlen.

Vom Rand der Wiese aus führt ein Weg zum Gipfel eines nahen Hügels. Gehen Sie in diese Richtung. Fühlen Sie deutlich den Boden unter Ihren Füßen. Erklimmen Sie den Hügel und nehmen Sie sich alle Zeit, um die Aussicht und alles, was Sie auf Ihrem Weg empfinden, gründlich zu genießen.

Oben auf dem Hügel angelangt, wird Ihnen klar, daß Sie gleich jemanden treffen werden, der eng mit der Entwicklung Ihres Lebens verbunden ist. Es ist Ihr innerer Führer. Sie können ihn oder sie als weisen alten Menschen sehen oder als Schutzengel oder ganz einfach als Gestalt, deren Augen Liebe und Fürsorge ausdrücken. Wie Sie sich Ihren inneren Führer auch immer vorstellen wollen, lassen sie vor sich ein deutliches Bild entstehen. Erleben Sie voll und ganz die Erregung und Neugier, die eine solche Begegnung in Ihnen weckt.

Sie können nun einen Dialog mit dieser Gestalt beginnen und, wie es Ihnen im Augenblick am besten erscheint, Fragen stellen zu strittigen Punkten, Entscheidungen und anderen Problemen, die Ihr Leben gerade mit sich bringt. Dieser Dialog kann verbal oder nicht verbal sein und er kann auf visueller wie auf symbolischer Ebene stattfinden. Genießen Sie auf jeden Fall die Zeit, die Sie auf diese Art mit Ihrem inneren Führer verbringen.

Fragen Sie auch nach dem Stand der globalen Erkenntnis und dem Zustand unseres Planeten. Fragen Sie, was Sie angesichts der gegenwärtigen prekären Lage beitragen können. Die Weisheit und das Verständnis Ihres inneren

Führers können Ihnen zum Bewußtsein bringen, daß Sie mit allem verbunden sind und fähig zu lieben und daß Sie die Macht haben, Veränderungen herbeizuführen. Lassen Sie es zu.

Zum Abschluß danken Sie Ihrem inneren Führer dafür, daß er gekommen ist. Dann gehen Sie den Hügel hinunter und zurück zu Ihrer Wiese. Fühlen Sie auch jetzt wieder, daß Ihre Füße fest auf dem Boden stehen. Lassen Sie Ihr Bewußtsein zurückkehren in den Raum, in dem Sie sich befinden, und verwenden Sie einige Zeit darauf, darüber nachzudenken, was Sie gelernt haben und wie Sie es in Ihrem Leben praktisch umsetzen können.

NACHWORT

Die Psychosynthese ist keine Doktrin und auch keine »Schule« der psychologischen Disziplin... Es gibt in der Psychosynthese keine orthodoxe Lehrmeinung, und niemand, angefangen bei mir selbst, sollte als tonangebend oder alleiniger Repräsentant angesehen werden. Jeder einzelne ihrer Exponenten tut sein Bestes, um sie zum Ausdruck zu bringen und sie umzusetzen, und alle, die die Botschaft der Psychosynthese hören oder lesen oder von ihren Methoden profitieren, sind frei, für sich selbst zu entscheiden, welchen Erfolg der jeweilige Repräsentant der Psychosynthese erzielt hat oder noch erzielen wird.
Roberto Assagioli

Es wird zuweilen geäußert, die Psychosynthese sei »eine Psychologie, die das Transpersonale oder Spirituelle einschließt«. Für mich ist sie mehr als das. Sollte ich sie in dieser Weise beschreiben, so würde ich sie eher als »eine Methode der spirituellen Verwirklichung, die die Psychologie einbezieht« bezeichnen. Von vielen wird die Psychosynthese in Beratung und Therapie angewandt und als sehr effektiv empfunden. Andere setzen sie ein, um ihre Kreativität zu steigern, ohne daß sie dabei das Bedürfnis hätten, spirituelle Bereiche einzubeziehen. Auch für sie ist die Psychosynthese äußerst hilfreich. Die Psychosynthese ist insofern eine einzigartige Methode, als sie das Selbst in den Mittelpunkt stellt, um den sich alles anordnet oder dreht. Zentrieren wir uns in dieser Weise auf unser Selbst, lassen wir uns auf psychische Entwicklung wie auch auf spirituelle Entfaltung ein. Wir sind nicht länger »eine Persönlichkeit, die auch unser Selbst einschließt«, sondern werden »unser Selbst, dem unsere Persönlichkeit angehört«.

Es wird auch zuweilen geäußert, die Psychosynthese sei »jenseits der Analyse angesiedelt«. Doch wie können wir Analyse und Synthese trennen, wenn das, was durch Synthese vereinigt werden soll, zunächst analysiert werden muß? Roberto Assagioli unterstrich die Bedeutung einer gründlichen Kenntnis der Persönlichkeit als ersten Schritt des Prozesses der Psychosynthese. Er sagte, daß eine ausführliche Erforschung des Unbewußten notwendig sei, bevor der Prozeß der Psychosynthese zu einem Erkennen des Selbst als der zentralen Wahrheit des Individuums fortschreiten könne. Diese Erforschung schließt ausdrücklich die Tiefen des Unbewußten mit ein, also das traditionelle Ziel der Psychoanalyse. So befindet sich die Psychosynthese also nicht »jenseits der Analyse«, sondern bezieht sie ein.

Ich habe auch die Äußerung gehört, die Psychosynthese »befasse sich zu einseitig mit dem Licht und verleugne das Dunkel«. Dies mag auf manche Ausübende zutreffen, doch gewiß nicht auf die Psychosynthese selbst. Das in der Psychosynthese verwendete Bewußtseinsdiagramm mißt dem dunklen »tieferen« Unbewußten die gleiche Bedeutung bei wie dem lichten »höheren«. Psychosynthesearbeit, die die Herausforderung, die »Schattenseiten« unseres Seins einzubeziehen, außer acht läßt, wäre vermutlich von wenig Interesse und entschieden einseitig.

Es ist erregend, mit der Vision der Psychosynthese und nach ihren Grundsätzen zu leben. In welcher Art und Weise wir dies tun, ist ausschlaggebend für unsere ganz persönliche Version der Psychosynthese. Wollen wir sie mit anderen teilen, so müssen wir neben unserer persönlichen Sicht auch die Version dieser anderen berücksichtigen. Wir sollten auch daran denken, daß wir in gewisser Weise alle Lehrer sind. Die Psychosynthese wird am besten verstanden und umgesetzt als eine auf gleicher Ebene geteilte Erfahrung. In diesem Buch habe ich die Grundlagen der Psychosynthese mit Ihnen geteilt und auch ein wenig von meiner Begeisterung darüber, in diesem meinem Leben eine so sinnvolle Methode zu meiner Verfügung zu haben. Sollte dieses Buch Sie dazu inspiriert haben, sich weiter mit der Psychosynthese zu befassen, so finden Sie in Anhang 2 einige Adressen von Instituten und Einzelpersonen, die Ihnen weiterhelfen können. Denken Sie jedoch daran, daß Sie die bestmöglichen Psychosynthesebegleiter bereits haben: die Weisheit und das Verstehen tief in Ihrem eigenen Inneren.

ANHANG I

Aus der Praxis

Während ich an diesem Buch arbeitete, sandte ich Fragebogen an Absolventen englischer Psychosynthesezentren, um zu erfahren, wie sie die Psychosynthese im Rahmen ihrer Tätigkeit einsetzen. Ich denke, die folgende Auswahl aus den Antworten spricht für sich selbst. Sie zeigt deutlich, daß die Psychosynthese mit Erfolg auf zahlreichen Arbeitsgebieten angewandt werden kann. Die Liste der Anwendungsgebiete ist selbstverständlich nicht vollständig, kann die Psychosynthese doch von jedem unter allen denkbaren Arbeitsbedingungen verwendet werden. Auf den meisten Gebieten sind jedoch nicht alle Psychosynthesetechniken gleichermaßen geeignet, und oft ist der von der Psychosynthese bewirkte persönliche Entwicklungsprozeß des Anwenders der wichtigste Faktor für seine Arbeit. Zum allermindesten wird der einzelne, der nach den Grundsätzen und Praktiken der Psychosynthese lebt und arbeitet, zur Harmonie und zum Wohlbefinden der Menschen beitragen, mit denen er in Kontakt kommt.

Sozialarbeit
»In meiner Tätigkeit als Sozialarbeiter mache ich Gebrauch von den direkteren Möglichkeiten der Einflußnahme, die die Psychosynthese bietet, doch habe ich wenig Verwendung für Visualisierung. Ich habe das Gefühl, mir meiner eigenen Bedürfnisse, meiner Stärken und Schwächen viel deutlicher bewußt zu sein. Ich kann mich aus einer sehr viel bewußteren Haltung heraus auf verschiedenerlei zwischenmenschliche Beziehungen einlassen, als das früher der Fall war.«

»Wenn ich es schwierig finde, mit einem bestimmten Klienten zu arbeiten, verwende ich manchmal die Technik der Imagination, um den Prozeß zu verstehen, den er in mir auslöst. Finde ich Mittel und Wege, zu verstehen, was in mir vorgeht, und mich damit auseinanderzusetzen, so kann ich auch besser mit diesen Vorgängen umgehen, wenn sie in meinem Klienten ablaufen. Sehr oft verwende ich auch die Übung zur Disidentifikation, auch diese für mich selbst, um zu einer anderen Perspektive zu kommen. Aus meiner Sicht ist die Psychosynthese für diagnostische Zwecke hilfreicher als für therapeutische. Doch dann muß ich dem Klienten meiner Meinung nach aus der Beziehung zwischen Therapeut und Klient heraushelfen und ihn dazu bringen, sich selbst durch seine Probleme hindurchzuarbeiten.«

»Die Psychosynthese steht für mich in Beziehung zu meinen Vorstellungen über Brüderlichkeit. Die Menschheit ist eine große Familie. Es ist manchmal schwierig, diese Überzeugungen mit meiner gegenwärtigen Arbeit in Verbindung zu bringen. Ich arbeite vorwiegend mit Familien, die in den schwierigsten Umständen leben, wo politische und ökonomische Faktoren oft dringlicher sind. Doch halte ich an meiner Vision fest während ich arbeite.«

Medizin
»Ich behalte das Ei-Diagramm vor Augen, auch wenn ich nicht ausdrücklich mit Psychosynthese arbeite. Ich bin mir bewußt, daß der Patient oder die Patientin vor mir mehr ist als seine beziehungsweise ihre Probleme. Da ich in einer psychiatrischen Klinik arbeite, diskutiere ich mit meinen Patienten für gewöhnlich keine Themen wie ›das höhere Selbst‹, und dazu besteht auch keine Notwendigkeit, solange sie keine Fragen stellen und mehr wissen wollen.«

»Wachstum, Heilung und Transformation sind eine Gnade, die auf die Bereitschaft, schmerzliche Einschränkungen zu erfahren, folgen kann. Anders ausgedrückt, Wachstum wird verhindert durch den Versuch, Schmerz zu vermeiden oder abzuwenden.«

»Ich verwende die Psychosynthese täglich, indem ich die Ich-Du-Beziehung in jeder zwischenmenschlichen Beziehung suche. Das ist nicht immer einfach, aber es gibt mir die Möglichkeit, den Sterbenden und Elenden echtere, unmittelbarere und sinnvollere Hilfe angedeihen zu lassen. Ich verwende die Meditationstechniken als Lernhilfen und versuche, das Entscheidungsvermögen meiner Patienten zu mobilisieren. Ich mache die Erfahrung, daß es meine Beziehung zum Patienten erweitert und vertieft, wenn ich sein transpersonales Erleben anspreche. Besonders lohnend ist die Arbeit mit Subpersönlichkeiten, da die Patienten diesen Gedanken sofort annehmen können.«

»Durch die Psychosynthese habe ich gelernt, viel besser für mich selbst zu sorgen, als das früher der Fall war. Ich habe gelernt, daß auch ich Bedürfnisse habe – eine Entdeckung für jemanden, der von Beruf besessen für andere sorgt.«

Geschäftsleben

»Ich führe Schulungen für lokale Verwaltungsstellen durch. Die Kurse behandeln im allgemeinen zwischenmenschliches Verhalten, Dienstleistungen sowie Aufgaben in Aufsicht und Management. Nach meiner Erfahrung ist die Anwendung der Grundsätze der Psychosynthese nicht nur ausschlaggebend für die Frage, was ich lehre, sondern auch dafür, wie ich es tue. Behandle ich zum Beispiel die ›Grundlagen guter Kommunikation‹, so unterstreiche ich, wie wichtig es ist, den anderen zu akzeptieren, auch wenn

man das ablehnt, was er sagt, denkt oder tut. Ich betone
stets, daß der eigentliche Mensch unabhängig von seinen –
vergänglicheren – Worten, Gedanken und Handlungen
existiert und wesentlicher ist als diese. In diesem Geiste
akzeptiere und achte ich jeden Teilnehmer meiner Kurse,
auch wenn mich seine Worte und sein Verhalten traurig
stimmen, verärgern oder erschrecken.«

»Mein Arbeitsgebiet hat sich erweitert auf Schulungspro-
gramme über Beratertätigkeit, Teamarbeit, Durchset-
zungsvermögen, Streß und in größerem Umfang die Schulung von Übungsleitern. Ich arbeite auch oft mit dem
›Veränderungsprozeß‹ in Organisationen. In gewisser
Weise wirft die Psychosynthese mehr Probleme auf als sie
Lösungen anbietet. Die Einsichten, die man gewinnt, meh-
ren die Freude, aber auch die Depressionen. Sie öffnet
Wege, auf denen es kein Zurück gibt. Sie hat meine Spann-
kraft erhöht; ich kann nun mit größerer Leichtigkeit auf
den Wogen reiten. Andererseits ist meine Frustration über
die Welt um mich her gewachsen. Sollte ich einen zentralen
Punkt nennen: Die Psychosynthese hat mir ein Gefühl der
Gemeinschaft mit Menschen vermittelt, die mit mir eine
gemeinsame Sprache sprechen.«

»Unsere Arbeitswelt schaffen wir, um an ihr zu wachsen.
Sie bietet ebenso Gelegenheit zum Wachstum wie viele
Zweierbeziehungen und Krisen. Die Psychosynthese
macht es möglich, Dinge wie Ängste, destruktive Gefühle,
Konflikte, Verstörung, Unvereinbarkeiten, Zweifel oder
mangelndes Selbstwertgefühl zum Ausdruck zu bringen,
was normalerweise in der Geschäftswelt inakzeptabel
wäre.«

Elternschaft

Mutter oder Vater zu sein, ist zweifellos eine Vollzeitbeschäftigung (auch wenn wir gleichzeitig noch anderes tun). Die nachstehenden Zitate geben einen Hinweis darauf, wie die interpersonale Psychosynthese in der Eltern-Kind-Beziehung Anwendung findet. Sie können für sonstige »Arbeitsbeziehungen« ebenso gelten.

»Die Psychosynthese ist mir immer gegenwärtig, ohne daß ich sie nun ausdrücklich ›anwenden‹ würde. Bewußt angewandt habe ich sie voriges Jahr, als mein Sohn geboren wurde. Ich hatte eine sehr langwierige Entbindung von fünfundzwanzig Stunden. In verschiedenen Stadien gebrauchte ich die Techniken der Visualisierung und der Disidentifikation und meinen Willen, meinen Sohn in die sichtbare Welt zu bringen.«

»In meinem Umgang mit mir selbst und anderen, insbesondere meinen beiden Kindern im Teenager-Alter denke ich stets daran, daß alle Menschen ›Seelen‹ sind, ›Persönlichkeiten‹ mit eigenen Rechten. Ich versuche ihnen zu helfen, sich zum Ausdruck zu bringen, auch wenn ich es nicht immer einfach finde.«

»Die Psychosynthese ist eine Lebensphilosophie und -psychologie, die von grundlegender Bedeutung für mein Leben ist. Sie hilft mir, das Leben als eine Reise zu sehen. Wie sowohl Individuum als auch Gemeinschaft zu ihrem Recht kommen und ins richtige Verhältnis zueinander gerückt werden, wird in der Familie lebendig durchgespielt.«

Unterricht

»Auf persönlicher Ebene befähigt sie mich, erfolgreicher und effizienter zu funktionieren und mich auszudrücken. Auf tieferer Ebene gibt sie mir die Möglichkeit, mit meinem eigentlichen Ich in Fühlung zu bleiben, mehr über meine Intuition zu wirken und mein Leben als Wanderer zu erfahren, der seinen Weg gemeinsam mit vielen anderen geht, die ebensogut ich sein könnten. Im Unterricht habe ich zunächst mit verschiedenen Techniken der Psychosynthese experimentiert und hatte damit Erfolg, sowohl was die Reaktion der Kinder angeht als auch im Hinblick auf die wissenschaftliche Arbeit, die auf diese Weise angeregt wurde. Ich habe mit Gefühlen gearbeitet und die Kinder ermutigt, sich durch Malen, Schreiben und Sprechen auszudrücken... Ich verwende auch reflektive Meditation und Visualisierung, um Konzentration und Beobachtungsgabe zu fördern. Ich lasse die Klasse Zahlen, Formen, Gegenstände und ganze Bilder visualisieren. Die reflektive Meditation verwende ich in einer weniger stark fokussierten Version: Ich wähle einen Begriff, etwa ›Zusammenarbeit‹, den die Klasse notiert. Dann schreiben die Kinder zehn Minuten lang Wörter und Sätze auf, die ihnen hierzu einfallen. Ich beeinflusse den Prozeß dadurch, daß ich die Aufmerksamkeit der Kinder auf die verschiedenen Sinne lenke. Welche Farbe zum Beispiel hat ›Zusammenarbeit‹? Oder: Welche Klänge, welche Musik lassen uns an ›Zusammenarbeit‹ denken?«

»Bei meiner Lehrtätigkeit an einem Polytechnikum hat sich die Psychosynthese als sehr nützlich erwiesen, um den Streß in meinem Verhältnis zu Vorgesetzten und Kollegen abzubauen. Bis zu einem gewissen Grade hat sie mir auch geholfen, die wesentliche Grundlage allen Unterrichts, das heißt die Beziehung des Lehrers zu seinen Schülern, so umzugestalten, daß das Ungleichgewicht der Kräfte weniger deutlich zutage tritt. Ich betrachte die Psychosynthese nicht als Wissenschaft. Sie ist eine poetische Vision. Ich bemühe mich nicht, sie anzuwenden, ebenso wie ich Shakespeare nicht anwende, obwohl beide mir mehr darüber sagen, was es bedeutet, ein Mensch zu sein, als alle an unseren Universitäten gelehrte Psychologie.«

»Ein besonderer Aspekt der sich vollziehenden Veränderung liegt in meiner gesteigerten Fähigkeit und Bereitschaft, Unerfreuliches zu akzeptieren – an anderen Menschen, an mir selbst und am Geschehen – wobei ›akzeptieren‹ nicht im Sinne von ›billigen‹ zu verstehen ist, sondern dahingehend, daß ich verstehe, daß ›Schlechtes‹ wie ›Gutes‹ im Grunde Sinn und Zweck hat.«

Beratertätigkeit
»Bei der Psychosynthese geht es letzten Endes darum, sie zu leben. Welchen Sinn hätte es sonst, mit ihr zu arbeiten? Außerhalb unserer Beziehungen ist sie nichts als eine Reihe von ›Karten‹ und Modellen. Ihr großer Beitrag zeigt sich in der empirischen Anwendung, wo sie Zusammenhang und Bedeutung gewinnt.«

»Die Psychosynthese ist eine Möglichkeit, die Ganzheit, von der wir uns abgetrennt haben, zu erkennen und uns an sie zu erinnern. Sie ist eine Psychologie, die sowohl die dunklen Tiefen als auch die spirituellen Höhen unseres Seins einschließt. Dem spirituellen Weg alleine kann es an Substanz und Verwurzelung mangeln, und der Psychologie alleine fehlt es an Vision und Bedeutung. Die Psychosynthese spricht die innere Reise an. Krebs ist eine der größten Herausforderungen unserer heutigen Welt. Wie kommen wir zurecht mit einer so rätselhaften Krankheit? Wie erforschen wir das Rätselhafte? Krebs ist nicht nur eine persönliche Krankheit, sie spielt sich im Kontext der Familie ab und verweist auf die Schwelle, an der die Gesellschaft selbst steht.«

»Ich wende die Psychosynthese in meiner Beratertätigkeit an, um den Menschen zu helfen, die Wahlmöglichkeiten zu erkennen, die ihnen in ihrem täglichen Leben offenstehen, und sich klar darüber zu werden, wie schon minimale Veränderungen in ihrem Verhalten ihren Horizont erweitern können.«

Verwaltung

»Ich wende die Psychosynthese nicht unmittelbar bei der Arbeit an, für die ich bezahlt werde, doch ist sie eine von mehreren Annäherungsweisen, die mir helfen, den Sinn hinter den Dingen zu erkennen, Entscheidungen zu treffen und mit den Ergebnissen umzugehen.«

»Ich bin zur Zeit mit Verwaltungsarbeit am Computer beschäftigt, und so wende ich die Psychosynthese nicht an, wie es ein Psychotherapeut tun würde. Doch hat sie mein Bewußtsein für die Gruppe, das Team und die persönliche Dynamik geschärft, und sie macht es mir möglich, toleranter, verständnisvoller und positiver zu sein, wo dies gebraucht wird. Gelegentlich werde ich auch zur Ausbildung herangezogen und dabei stelle ich fest, daß mein intuitives Verständnis für die Lernmuster der Leute gegenüber früher zugenommen hat.«

»Ich stehe in den späten Fünfzigern, und wenn ich mein Leben überblicke, stelle ich eine Tendenz fest, den offensichtlich verpaßten Gelegenheiten nachzutrauern. Die Psychosynthese hat mir geholfen, den Wert des Weges zu erkennen, den ich gegangen bin, und Nutzen aus meiner Lebenserfahrung zu ziehen, anstatt abzuwerten, was ich gewesen bin.«

Kunst

»In meinen Kunst-Workshops richte ich mich mehr auf den kreativen Prozeß als auf das Resultat aus. Hierbei geht es darum, daß man sich auf das Material einläßt und es mit seiner Vision und Vorstellungskraft durchdringt. Er stärkt die Sinne auf andere Art, als Worte es tun würden, und kann neue Perspektiven für unser Leben öffnen. Ich betrachte das Material wie auch den Aufbau meines Kurses durch meine Psychosynthesebrille und spreche von den harmonisierenden Aspekten des Selbst und dem Arbeiten in kontrastierenden Medien, wie verschiedene Subpersönlichkeiten das vielleicht tun würden. Ich verwende die gelenkten Phantasiereisen und arbeite mit Hilfe der Malerei an Hindernissen, indem ich sie aus verschiedenen Perspektiven betrachte.«

»Für mich als Schriftsteller ist das Einbeziehen und die Erkenntnis dessen, was hinter meinem Ich oder meinem Thema steht, von enormem Wert. Der Grundgedanke, daß ich Teil eines größeren Ganzen bin und eine Aufgabe zu erfüllen habe, indem ich meinen Platz innnerhalb dieses Ganzen einnehme, ist ein Lebensprinzip, das mir Kraft gibt. Aus ihm beziehe ich ein Annehmen-Können, eine Bereitschaft, nicht immer wissen zu müssen. Nachdem ich hart darum gekämpft habe zu wissen, lasse ich die Dinge auf sich beruhen und habe Vertrauen, und plötzlich wird mein Weg klar.«

»Die Psychosynthese vermittelt mir Freude und Spaß am Lernen und an der Weiterentwicklung. Schwächen sind Sprungbretter für Wachstum und Entwicklung.«

Heilen

»Bei meiner Arbeit gehe ich so vor, daß ich mir ein Bild von dem Leiden mache und herauszufinden versuche, was es zu sagen hat. Manchmal genügt es schon, daß man lernt, den schmerzenden Teil einfach anzunehmen und einzubeziehen, anstatt ihn zu verfluchen.«

»Ich kann meine Arbeit nicht von meinem Leben trennen. Immer mehr wird mir deutlich, daß das geistig-seelische Ganzsein und Heilen, das meinem Verständnis von der Psychosynthese entspricht, bedeutet, daß ich selbst die Verantwortung trage für den Mangel an Harmonie und für die Zerstörung. Ich habe die Wahl, die augenblickliche Situation fortbestehen zu lassen oder mein Leben zu leben und durch meine Wahrheit zu wirken, um Ganzsein und Heilung in die Wege zu bringen.«

Astrologie

»Die astrologische Psychosynthese verwendet das Horoskop als Mittel zur Ergründung des Potentials eines Menschen. Es ist ein Weg zu größerer Selbst-Bewußtheit und eröffnet dadurch die Möglichkeit, ein ausgefüllteres Leben in Harmonie mit den umgebenden Kräften zu leben. Das Horoskop liefert wertvolle Hinweise auf Subpersönlichkeiten und darauf, wie sie zusammenwirken, welche sich am lautesten bemerkbar machen und welche durch die Konditionierung während der Kindheit unterentwickelt sind.«

»Ich bin als Astrologe ausgebildet und arbeite selbstverständlich in Theorie und Praxis mit Subpersönlichkeiten, zum Beispiel mit Gegensätzen wie Mystiker und Pragmatiker, Liebe und Willen. Die Transite zeigen, welche transpersonalen und personalen Energien integriert werden wollen.«

Therapie

»Ich denke, ich wende die Psychosynthese in meiner Arbeit meist auf subtile und nicht ohne weiteres wahrnehmbare Weise an. Ich bin mir oft des Dreiecks bewußt, das die Psychosynthese so gut darstellt – da ist der dritte Punkt, die dritte Ebene irgendwo außerhalb der zu erforschenden Pole, und sie ist mehr als deren Summe. Ich betrachte die Psychosynthese bei der Entdeckung meiner inneren Ressourcen als eine Art Baustein... so ist sie nun ein Bestandteil meiner selbst und meiner Erfahrung.«

»Die Psychosynthese hat mich ermutigt, mich erkennen und akzeptieren zu lernen, wie ich bin. Dies hat Augenblicke des Kontakts mit meiner eigenen inneren persönlichen Integrität ermöglicht, die meine verzerrten und dunklen Seiten eingesteht und akzeptiert. Diese quälenden Momente haben Früchte des Geistes getragen: Mitgefühl, Verständnis und ein leichtes Herz, wie auch die Erkenntnis, daß ›der brennende Busch‹ nicht dort draußen in der Wildnis ist, sondern in meinem eigenen Herzen, und daß die Stimme, die sagt ›Ich bin, der ich bin‹, in mir selbst hörbar wird, wenn ich still werde und horche.«

»Ich arbeite als Psychosynthesebegleiter und befasse mich auch mit Gruppenarbeit. Das Psychosynthesemodell ist so flexibel, daß es für meine gesamte Gruppenarbeit von Nutzen ist. Die Techniken sind einfach und praktisch anwendbar und bewirken, daß die innere Weisheit des einzelnen zum eigentlichen Begleiter wird. Wir können nicht als menschliche Wesen wachsen und weiterhin die Tatsache ignorieren, daß wir unser Nest beschmutzen und die Ozeane und Regenwälder zerstören, daß andere Spezies in alarmierendem Tempo aussterben. Wir leben nicht isoliert. Wachstum in einem rein menschlichen Kontext ist bedeutungslos.«

ANHANG 2

An wen kann ich mich wenden?

Die Psychosynthese kann gleichzeitig von verschiedenen
Punkten und Seiten aus ansetzen, und die verschiedenen
Methoden und Aktivitäten können einander abwech-
seln... je nach inneren und äußeren Umständen.

Roberto Assagioli

Zur Zeit arbeiten im deutschsprachigen Raum einige Therapeuten mit der Psychosynthese. Bitte wenden Sie sich
zur Kontaktaufnahme an eine der unten angegebenen
Adressen. Weitere Adressen von Psychosynthese-Institu-
ten im Ausland können über den Verlag erfragt werden.

Schule für Erwachsene
Uller Gscheidel
Markgrafenstraße 6
1000 Berlin 61

Schule für Erwachsene
Matthesonstraße 3
2000 Hamburg 20

Psychosynthese-Haus
Wolfegg
Truchsessenstraße 5
7962 Wolfegg/Allgäu

Schule für Erwachsene
Gundeldingerstraße 280
CH-4053 Basel

Schule für Erwachsene
Seminarstraße 25
Postfach
CH-8042 Zürich

Schule für Erwachsene
Hannelore Traugott
Schlösslgasse 4
A-4810 Gmunden

Circadian-Institut
Im Hilgersfeld 60
5060 Bergisch-Gladbach 1

Linda Hartley
integriert Psychosynthese-Praxis in Bewegungstherapie
und Körperarbeit. Sie lebt in England und ist in Deutsch-
land zu erreichen über:

TanZart
Hasenheide 54
1000 Berlin 61

Literatur

Assagioli, Roberto: *Handbuch der Psychosynthesis*, Aurum, Freiburg (1978)

Assagioli, Roberto: *Psychosynthese, Prinzipien, Methoden und Techniken*, Astrologisch-Psychologisches Institut, Adliswil (2. Aufl. 1988)

Assagioli, Roberto: *Psychosynthese und transpersonale Entwicklung*, Junfermann, Paderborn (1992)

Assagioli, Roberto: *Typologie der Psychosynthese*, Astrologisch-Psychologisches Institut, Adliswil (1991)

Ferucci, Piero: *Werde was du bist*, Rowohlt-Taschenbuch, Reinbek (1986)

Gackenbach, Jayne/Bosveld, Jane: *Herrscher im Reich der Träume – Kreative Problemlösungen durch luzides Träumen*, Aurum, Braunschweig (1991)

Serge King

**Begegnung mit dem
verborgenen Ich**

236 Seiten, kartoniert
ISBN 3-591-08313-5

In allem, was wir tun, werden wir ganz entscheidend von unserem Unterbewußtsein beeinflußt. Sigmund Freud war keineswegs der erste, der das erkannt hat. Die Huna-Lehre, ein uraltes magisches System, geht davon aus, daß wir uns unsere Realität selbst schaffen, indem wir ein ganz bestimmtes System von Glaubenssätzen und festgefahrenen Meinungen haben, das unsere Aktionen und Reaktionen, Gedanken und Gefühle bestimmt. Wer Zugang zu den verborgenen Aspekten seiner Persönlichkeit hat, wer sie ans Licht des Bewußtseins zu holen vermag, wird besser als andere imstande sein, mit seinen alltäglichen Problemen umzugehen, negative Verhaltensmuster aufzulösen und Ängste zu überwinden.

AURUM VERLAG · BRAUNSCHWEIG